ベルリン
かわいい街歩きブック
吉野智子

はじめに・・・・

私はごくごく普通の女の子です。
何かのスペシャリストだったり、自分でお店を持っているわけでもありません。
平日は会社へ行って、お仕事をしています。

そんな私には趣味と言えそうなものが二つあります。
まず一つめはパン作り。
まだまだ始めたばかりなのですが、天然酵母のパンを作っています。そんな趣味が高じて、時折お友達が主催するイベントなどで、meetという名前の出張パン屋さんをしています。
そして二つめは旅行へ行くこと。
初海外旅行にして初1人旅をしたことをきっかけに、旅にすっかりはまり、定期的に海外へ行っています。そして、その日を楽しみにいつも過ごしています。
以前は旅に出たら何でもかんでも見たりしていたのですが、ここ何年かは、かわいいセレクトショップやヴィンテージショップでお買い物をしたり、素敵なカフェへ行ったり、大好きなパンを食べ歩くという、普段東京でしていることと同じ様なことをたくさんして、観光は少しというスタイルをとっています。アパレルやカフェで勤務していたこともあって、そういうものにばかり目がいってしまうようです。

そんな私がいつも思うこと。それは市販のガイドブックだと、なかなか自分が行きたいと思うようなお店が載っていないということ。かわいいお店やカフェなどが載っているガイドブックがあればいいのに。

そしていつしか、「だったら自分で作ってみようかな」なんて思うようになりました。
紹介するならば、自分が大好きな街にしたい。
そこで今一番惚れ込んでいる街、ベルリンを紹介しようと思いました。

私がこの街を好きになった理由というのは、良い意味で期待を裏切られたからなのです。
ある時、コペンハーゲン行きの航空券のおまけでもう一都市行けることになり、ベルリンをなにげなく選びました。近いからついでというか、そんな感じ。
この街に到着するまで、女の子が楽しめる街なの？かわいいお店なんてあるの？と半信半疑。
ところが、実際に行ってみると、予想に反してかわいいものがたくさん！面白い場所もたくさん！
インテリアがかわいいカフェ、良い感じのセレクトショップ、それに緑が多くて古い物を残している街並もとっても素敵。何かをみつけるごとに、感動をしていました。
そして、その旅からすっかりベルリンの虜になってしまったようです。

この本では私が味わったたくさんの〈驚き〉と〈かわいい〉をお伝えしたいと思います。
ベルリンを新しい視点で見てもらえたら、とても嬉しいです。

ではでは、かわいい街歩きのスタートです！

CONTENTS

p.2　はじめに

p.7　**Abreise (departure)**
my favorite / about Berlin / travel talk
出発前にやっておくこと、知っておくこと。

p.19　**Einkäufe (shopping)**
clothes / zakka / books
オーナーの個性溢れるお店で、自分だけのお気に入りをみつけましょう。

p.55　**Essen (eating)**
cafe / bakery / sweets
美味しいものを食べたり、心地よい空間でゆっくりしたり・・・。

p.89　**Besichtgung (sightseeing)**
museum / zoo etc..
定番の観光スポットを少しご案内します。

p.105　**Markt (market)**

old tablewear / old books / antique goods
休日のお愉しみ、蚤の市。どんなところがあるか覗いてみましょう。

p.113　**Schlaf (sleeping)**

hotel
ベルリンらしく、デザインにこだわったホテルはいかが？

p.125　**Heimkehr (homecoming)**

souvenir / memory
楽しかった旅も終わり。お土産をひろげて、写真を並べて、旅の思い出をふりかえります。

p.133　**Stadtplan & Information (map & information)**

ベルリンの地図とインフォメーション。

p.142　**おわりに**

※ここに載せている情報は、2006年5月現在のものです。

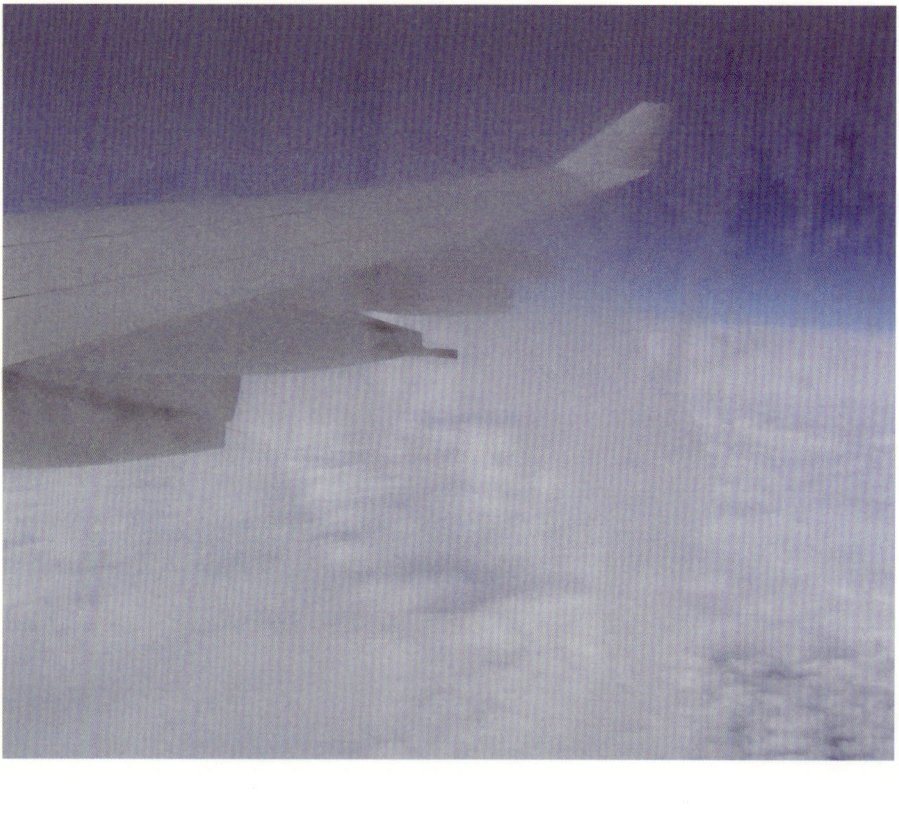

Abreise

my favorite / about Berlin / travel talk

出発前にやっておくこと、知っておくこと。

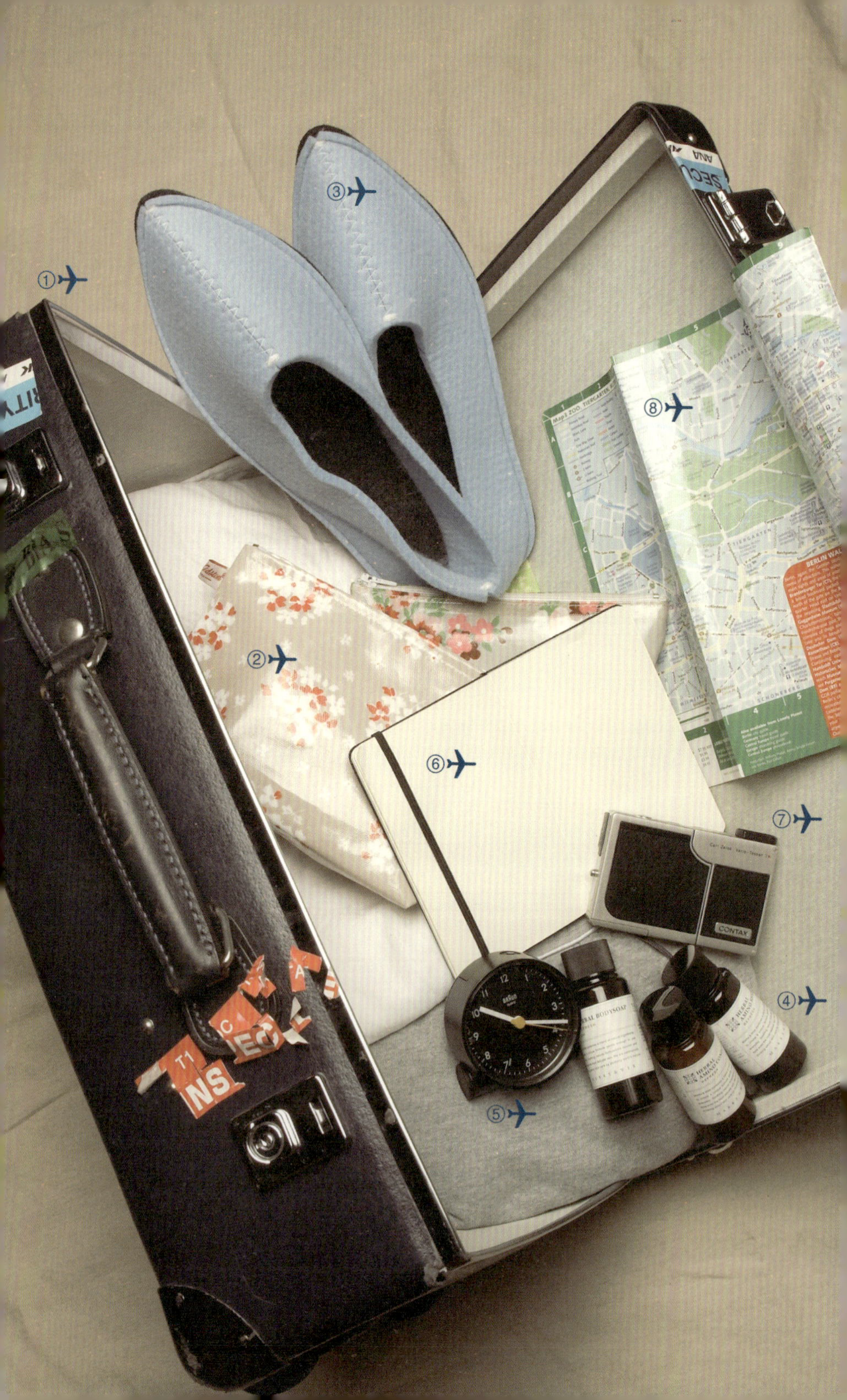
①
③
⑧
②
⑥
⑦
④
⑤
CONTAX

ABFLUG
旅へのもちもの。

旅の愉しみは、出発前の準備から。
いつものお気に入りをカバンに詰めていくうちに、
どんどん気持ちが高ぶっていきます。
そんな私の愛用グッズをここでご紹介。
どれも使いやすくてオススメのものです。

① スーツケース
軽くて丈夫、そして何よりシンプルなデザインが
お気に入りのグローブトロッターを愛用しています。

② ポーチ
乙女心をくすぐるデザインのキャス・キッドソン
のポーチ。ビニールコーティングなので洗面所
などに置いていても水濡れの心配がありません。

③ ルームシューズ
我が家でも大活躍のビア・ヴァレンのルーム
シューズ。明るい色合いとフェルト素材がお気
に入り。ちなみに真夏の旅行時はバブーシュを
持って行きます。

④ ヘア&ボディケア
いつも愛用している、マークス&ウェブを持って
行きます。安心して使えるし、リラックスできる
香りが、旅の疲れを癒してくれます。シンプルな
デザインのボトルもお気に入りです。

⑤ 目覚まし時計
小さいサイズのブラウン社の目覚まし時計。
すっきりとしたデザインも良い感じです。

⑥ ノート
かわいいお店のこと、おいしかったもの、etc…。
今日の出来事を必ず書きます。写真と同じで
後で読み返すのが楽しい。

⑦ デジタルカメラ
帰って来てからのお楽しみは、旅の空気いっぱ
いの写真を眺めて思い出に浸ること。たくさん
撮りたいから、軽くてコンパクトなコンタックスを
持ち歩きます。

⑧ MAP
必ず持ち歩く地図。現地では、書店やおみやげ
屋さん、キオスクなどで購入。日本で買って行く
時は、洋書を扱う大型書店で購入します。通り
の名前のINDEX付きのものを選んでいます。

Über Berlin
ベルリンってどんなところ？

旅立つ前に少しだけベルリンのことを予習してみましょう。

🍴 ベルリン

ドイツの首都。人口は約350万人。街は東京23区よりも少し広め。第2次世界大戦終結の後、街は破壊され瓦礫の山となり、1961年8月13日に壁が作られ始めて、街は分断されます。1989年11月9日、壁の崩壊後、1990年には再統一をしました。

✈ アクセスについて

日本からは直行便が無いので、フランクフルトやミュンヘンなどを経由してベルリン・テーゲル空港へ到着します。日本から経由地までが約12時間、それにプラス3時間くらいがベルリンまでの平均的な所用時間です。

🕐 時差のこと

日本との時差はマイナス8時間。ただし3月最終日曜日から10月最終土曜日まではサマータイムを実施しているので、時差は7時間になります。

🚌 空港から中心部への交通

テーゲル空港から市内、ツォー駅へはX9番バスで約20分。アレクサンダープラッツまではTXLバスで約40分。どちらも通常のバスと同じ1日券(5.8ユーロ)や7日券(25.4ユーロ)で乗車できます。タクシーを利用すると、中心部まで約20ユーロ。

💴 お金のこと

通貨はユーロ。1ユーロ≒141円(2006年5月現在)。1ユーロ＝100セント。紙幣は5、10、20、50、100、200、500ユーロ。硬貨は1、2、5、10、20、50セントと1、2ユーロ。

🔌 電圧

電圧は220V、周波数は50Hzということで日本とは異なります。日本からの電化製品を使う際には変圧器は必須！前もって準備しておきましょう。

👕 気候について

比較的温和な気候。日本と同じく四季の区別がはっきりしています。ただ、年間を通じて乾燥していることが多いので、夏でも肌寒いことがけっこうあります。羽織れるものを持って行くのが良いでしょう。真冬は氷点下まで気温が下がり底冷えするので、防寒対策はしっかりしていきたいところ。

Öffentliche Verkehrsmittle
交通機関のこと。

ベルリンでの交通機関について、少しふれておきます。

ベルリンで行動する時に必ず使うことになる交通機関。大都市の近郊列車のSバーン、地下鉄のUバーン、バス、トラム、タクシーがあります。タクシー以外の機関は全て乗車券が同じ。どの券売機で買っても利用が可能なのです。写真（左下）が券売機。駅のホームやトラムの車内等にあります。英語表記もあるのでわかりやすい。市内はABCと3つのゾーンに分かれています。見所に行くにはABのチケットを購入すればOK。1日乗車券は5.8ユーロ。7日乗車券は25.4ユーロ。購入後は写真（右下）の機械に入れ必ず刻印を押すこと！これを忘れると検札が来た時に無賃乗車扱いとなって、40ユーロの罰金を取られてしまうことに。ご注意を！！

Sバーン・Uバーン

きっと一番使うことになる、SバーンとUバーン。どちらも改札はなく、そのままホームへ行き乗るシステム。チケットを持っていない人はホームで購入可能。刻印機もすぐ横にあります。ホームには路線図があるので、自分の行きたい駅と終点の駅を確認します。ホームにある掲示板には終点駅が表示されているので、どちらに乗るかを確認。乗車時は、ドア横に付いているグリーンのボタンを押して開けます。旧式の車両の場合は、レバーを横にスライドさせるとドアが開きます。

トラム

旧東ドイツ地区には路面電車のトラムが走っています。路上に停留所があり、そこから乗ります。路線図や時刻表が設置されているので、見ておきましょう。乗車時はドア横のボタンを押して乗ります。前方にある電光掲示板に次の停留所が出るようになっています。降車時は手すりや窓枠にあるボタンを押して降ります。このトラム、ゆっくりと街中を眺めることができるので、おすすめです。

バス

街中にある停留所から乗車します。バスが来たら前方の扉横のボタンを押してドアを開け、乗ります。チケットをすでに持っている人は、必ず運転手さんに見せること。チケットを持っていなければ、運転手さんから買うこともできます。前方の電光掲示板に次の停留所が表示されます。降りる際には手すりや窓わくに付いているグリーンのボタンを押し、降車します。ちなみに観光名所を通る100番という便利なバスがzoo駅から出ているので、手っ取り早く観光したい人にはおすすめです。

タクシー

タクシーは荷物が重い時など、状況に応じて使いましょう。駅などにあるタクシースタンドまで行けば確実につかまりますが、流しのタクシーでも乗ることができます。ドアは自分で開けて乗車。初乗りは2.5ユーロ。日本と同じようにメーター制となっています。ぼったくられることもありませんので、安心して乗ることができます。ドイツだけあって、ベンツなどの高級車を利用していることが多いです。ちょっとリッチな気分になれるのもうれしいですね。

Studieren wir Deutsch
ここで少し、ドイツ語レッスン。

ベルリンではけっこう英語が通じるので、何とかなってしまうのですが、
あいさつやちょっとした単語は覚えておくと便利です。
特にあいさつができると、それだけで相手がニコニコしてくれたりするもの。
ここでちょっぴりお勉強しましょう。

あいさつ

はい	Ja	ヤー
いいえ	Nein	ナイン
おはよう	Guten morgen	グーテンモルゲン
こんにちは	Guten tag	グーテンターク
こんばんは	Guten abend	グーテンアーベント
ありがとう	Danke(schön)	ダンケ（シェーン）
どうぞ、すみませんが	Bitte	ビッテ
どういたしまして	Bitte schön	ビッテシェーン
またね・さようなら	Tschüss	チュース

Ach so   Wie geht es Ihnen?   Guten Morgen

数字

1	eins	アインス
2	zwei	ツヴァイ
3	drei	ドライ
4	vier	フィア
5	fünf	フュンフ
6	sechs	ゼックス
7	sieben	ズィーベン
8	acht	アハト
9	neun	ノイン
0	null	ヌル

Was kostet das?

曜日

月曜日	Montag	モンターク
火曜日	Dienstag	ディーンスターク
水曜日	Mittwoch	ミットヴォッホ
木曜日	Donnerstag	ドンナースターク
金曜日	Freitag	フライターク
土曜日	Samstag	ザムスターク
日曜日	Sonntag	ゾンターク

Guten Nacht

単語いろいろ

パン	Brot	ブロート
ケーキ	Kuchen	クーヘン
サラダ	Salat	ザラート
チーズ	Käse	ケーゼ
朝食	Frühstück	フリューシュテュック
食事	Essen	エッセン
飲み物	Getränk	ゲトレンク
コーヒー	Kaffee	カフェー
紅茶	Tee	テー
ビール	Bier	ビーア
ワイン	Wein	ヴァイン
警察	Polizei	ポリツァイ
病院	Krankenhaus	クランケンハウス
トイレ	Toilette	トワレッテ
駅	Bahnhof	バーンホフ

a.m. 10:00

電車を乗り継いで、新ナショナルギャラリーへ。午前中はアート鑑賞です。ミース・ファン・デル・ローエの建築は何度見ても圧巻！

START
a.m. 9:00

今日はホテルの朝食ではなくて、Tillmannへ行って美味しいパンの朝ごはん。焼きたてのパンを食べられるって、幸せ！！たくさん食べ過ぎちゃう。

ベルリンで過ごす1日
weekday編

観光に、ショッピングに。
私はこんな感じで、街歩きを楽しみます。

GOAL
p.m. 10:00

満腹になりました！！苦しいくらい。今日も一日よく動いたし、よく食べました。そして、たくさんお買い物もしちゃいました。それではホテルへ戻りましょう。明日はどこへ行こうかな。

p.m. 7:00

お買い物も終了。たくさん買ったなぁ。お菓子からお洋服まで、イロイロ。うれしくてニコニコしながらホテルへ荷物を置きに戻ります。その後夕ご飯を食べに、bar gagarinへ。ロシア料理にしようかな、なんて思ったけれど結局ベジタブルプレートを注文。その名のとおり、野菜がたっぷりで、ありがたい。

p.m. 1:30

さて、鑑賞も終わるとお腹がぎゅるるーっと鳴ってしまいました。食いしん坊の私は、朝あんなに食べたのにもうおなかがペコペコ。この後はミッテでお買い物をする予定だったので、その周辺でランチをすることに。いろいろ迷った結果、ALTES EUROPA に行くことに決めました。今日はクネーデルを食べられるかなぁ？

p.m. 2:30

お腹がいっぱいで幸せ気分の後はお買い物！大好きなセレクトショップや古着屋さんへ。かわいいものがいっぱいで、あれもこれもと欲しくなってしまいます。お洋服だけでなく、本や雑貨などでも欲しいものがいっぱいありました。何を買おうか迷っちゃう。

p.m. 4:00

ぐるぐると歩き回ったので、いったん休憩です。プレンツラウアーベルク方面まで行き、お気に入りのカフェ、Kauf Dich Glücklich でお茶をします。ここではもちろん、ワッフル＋ラテマキアート！甘いものを食べてエネルギー補給☆

p.m. 5:30

お買い物の続きをします。プレンツラウアーベルクをぐーるぐると歩く。kwikshopでユニークなおみやげを買ったり、古着屋さんでお買い得商品を買ってみたり。楽しいなぁー。やっぱりお買い物は大好き！

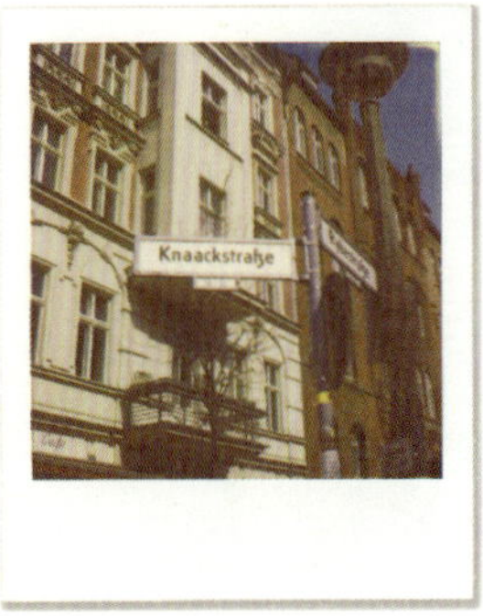
Knaackstraße

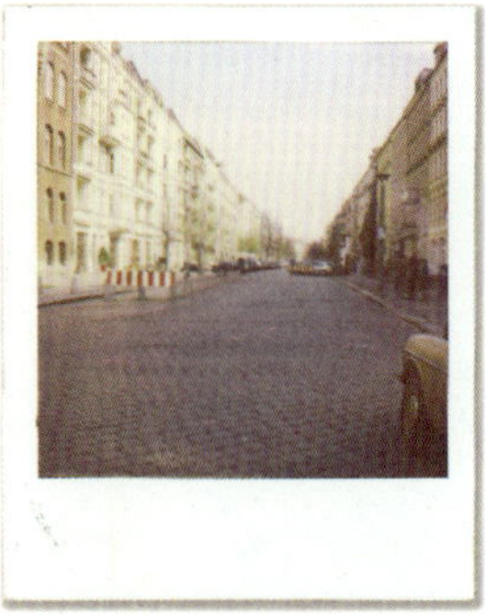

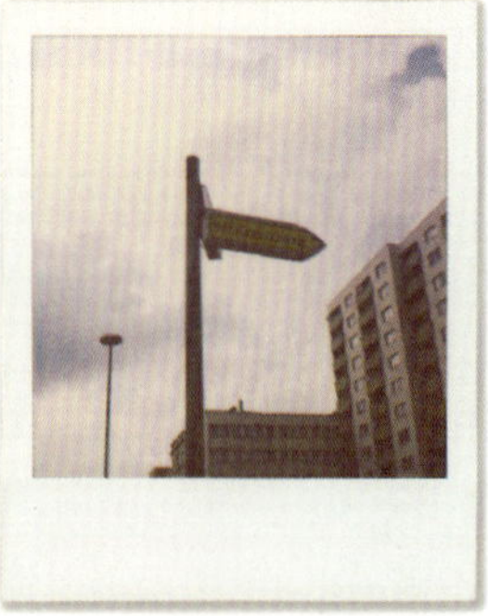

Einkäufe

clothes / zakka / books

オーナーの個性溢れるお店で、自分だけのお気に入りをみつけましょう。

ここへ来ると、いつもワクワクしてしまう。

Best Shop Berlin
ベストショップ　ベルリン

01
P.135

Alte Schönhauser Str.6
030 24632485
mon_sat 12.00_20.00
http://www.bestshop-berlin.de

以前来た時に惚れ込んでしまったセレクトショップ。大好きなIVANA HELSINKIを取り扱っていたというのもあるけれど、お店オリジナルのmazookaレーベルのTシャツのデザインがクールだったのと、カルチャー系マガジンやインディーズ物のCDといったものまでも置いていたのもその理由。「自分たちがbestだと思うものだけを常に発信している」というだけあって、期待を裏切らないお店です。

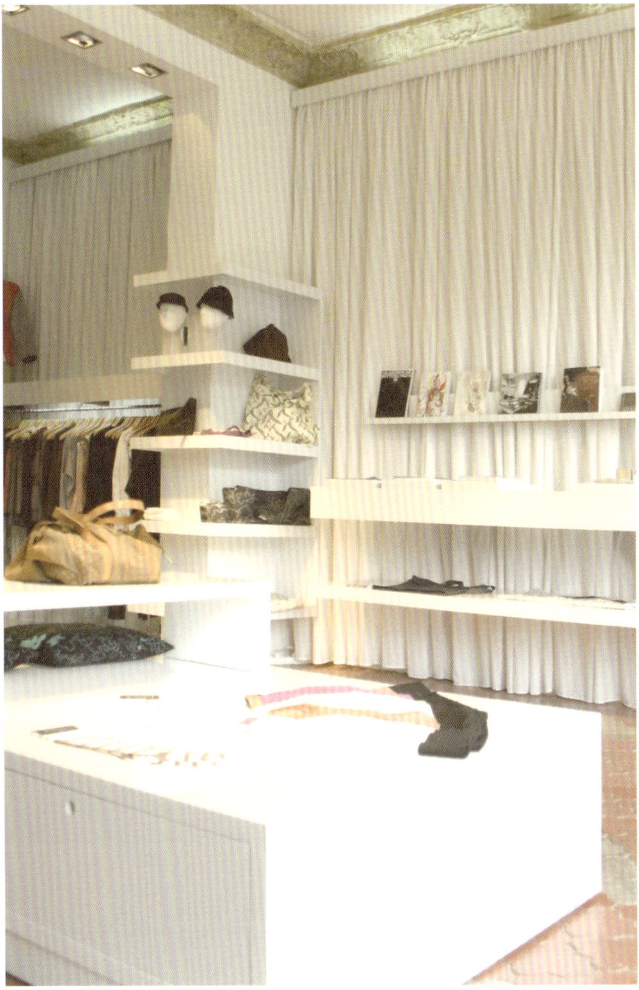

Belleville
ベルヴィル

02
P.135

Rosa-Luxemburg-Str.27
030 24628371
mon_sat 12.00_20.00
http://www.belleville-store.de

白と黒を基調とした店内には、モノトーンの物を中心にセレクトされたウエアがディスプレイされています。個性的なデザインと手頃な値段で、NURROCK、NUDIE JEANS、AIRBAGなどが人気商品だそう。その他「Belltime」という、お店で発行しているアートボックスなるものも人気ということでした。ちょっと中身を見せてもらったところ、アーティストが作った小冊子やポスターなんかが入っていました。

KONK
コンク

Kleine Hamburger Str.15
030 43659667
tue_sat 12.00_20.00
http://www.konk-berlin.de

03
P.135

2006年4月に、プレンツラウアーベルクからミッテへお引っ越しをしたセレクトショップ。中へ入ると、天井にはオーナーさんの手作りの不思議なオブジェがぶらさがっていました。Macqua、c.neeon、Pulverなどのベルリンのデザイナーものを中心に、自分たちが良いと思った物を有名・無名問わず入れているのだそう。カジュアルテイストからシックなものまで、幅広く扱っています。

berlinomat
ベルリノマート

Frankfurter Allee 89
030 42081445
mon_fri 11.00_20.00 sat 10.00_18.00
http://www.berlinomat.com

04
P.137

フリードリッヒスハインの外れに、ひょっこり現れたセレクトショップ。ベルリンのデザイナーのものだけを扱っていて、お洋服だけでなく家具や雑貨などまでもが、広い店内にずらっと並んでいます。そんな中には若手デザイナーや学生の作品もあって、エネルギッシュで感性溢れるデザインを楽しめます。もちろんこれらも購入可能。ギャラリーラファイエットの5階にも支店があります。

Freistil
フライシュティール

05
P.136

Oderberger Str. 6
030 48625256
mon_sat 12.00_20:00
http://www.freistil-berlin.de

ピンクの看板と可愛いウインドウが気になって、ふらりと入ったセレクトショップ。こじんまりとした店内は、上のフロアが新しいもの、下のフロアが古着のコーナーという構成に。カラフルで形のかわいいワンピースやカットソー、Tシャツなどがたくさん！ベルリンのドメスティックブランドをはじめ、ヨーロッパ・アジア・ニューヨークと世界各国から、ストリートテイストのものを入れているようでした。

bergmann
ベルグマン

06
P.137

Bergmannstr. 2
030 6940390
mon_wed 11.00_19:00
thr&fri 11.00_20.00 sat 11.00_18:00
http://www.bergmann-berlin.de

「クロイツベルクに良いセレクトショップがあるよ」と教えてもらったお店。レディスとメンズが半々くらいの割合で置いています。地元っ子に大人気というだけあって、お昼どきにも関わらずお客さんがどんどんやって来ていました。CarharttやフィンランドのNANSO、それにドイツのAEM KEIといったカジュアルなテイストのものが人気で、種類も豊富！価格が抑えめなのもうれしいです。

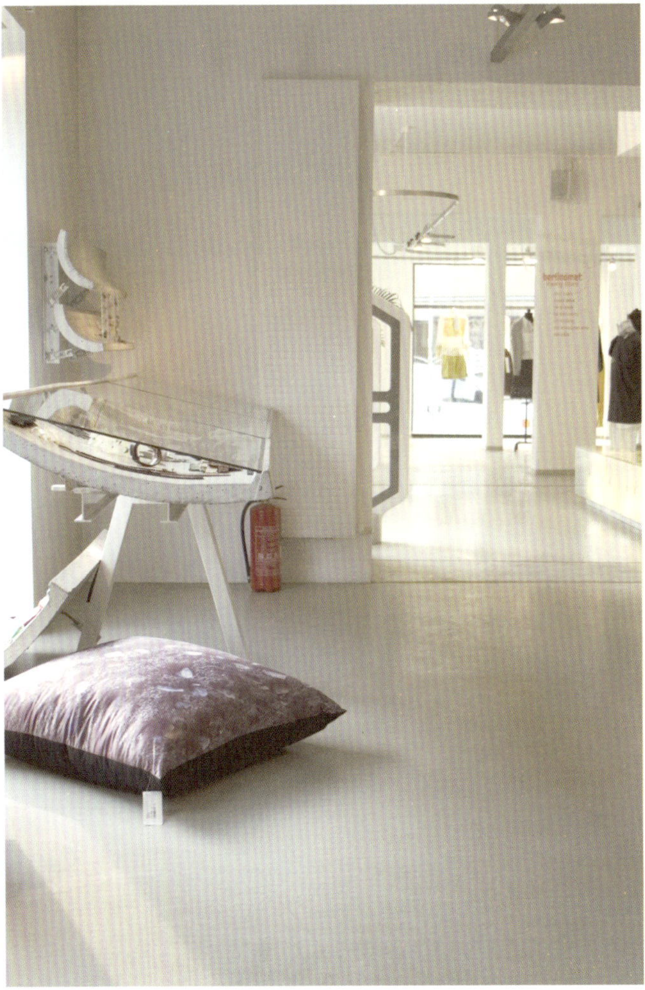
berlinomat

Sarahさんの素敵な世界へスリこむ。

Sarah heart bo
サラ ハート ボ

07
P.136

- Oderberger Str. 20
- 030 44045425
- mon_fri 12.00_19:00 sat 12.00_
- http://www.heartbo.com

ドアを開けると、そこにはアーティスティックな感性を持ったSarahさんの世界が広がる個性的な空間が。「私の心に住んでいるboという女の子のストーリーがあって、そこから発想していったものを作るの」とのこと。一つの物語と、ファッションが交差しているなんてファンタスティック！面白さだけでなく、素材も上質のものにこだわっているのがまたステキでした。

famous
    lovers,
victims of
passion who
was love
desperately
with
all
their soul...
          famou

カラフルなニットは、たくさん欲しくなる・・・

lala BERLIN
ララ　ベルリン
08
P.135

- Mulackstr.7
- 030 65795466
- mon_fri 14.00_20.00 sat12.00_18.00
- http://www.lalaberlin.com

「ミッテに乙女な雰囲気のお店がある」と聞きつけて行ってみた、今注目のlala berlinのオンリーショップ。「コンセプトは上質なものを気軽に着てもらうことなの」とはオーナーのLeilaさん。例えばシルクのショールにはオリジナルのイラストを施し、かっちりとした素材ながら気軽に身につけられるようにと作られています。カラーバリエーションが豊富なニット類も上質のモヘアを利用していて、おすすめ。

まるでアート作品のようなお洋服たち。

Smeilinener
スマイリネナー
09
P.135

Schröderstr. 13
030 29009500
mon_fri 10.00_20.00
http://www.smeilinener.de

「お友達のお洋服屋さん教えるわ」と、p26のSarahさんに紹介してもらったお店。メキシコ、ハンガリー、スペインに北欧と様々な国から買い付けた生地を組み合わせて一つのお洋服を作っています。中には、カラフルなリボンを縫い合わせて、一枚の布にした後、スカートに仕立て上げるという、手の込んだ物も。ただの洋服というよりも、どれもアート作品のようでした。

KIRSTEN TADIC
キャステン タディック

(10) P.136

- Stargader Str.23
- 030 43659950
- mon_fri 11.00_20:00
- -not applicable-

カジュアルテイストのお店が多いこの辺りで、エレガントな雰囲気のお洋服屋さんを発見しました。店内にディスプレイをされているものは全てサンプルで、それを元にお客さんと話をしてから作るというオーダーメイドスタイル。オーナーさんが一人で制作をしているので、出来上がりまでは早くても2日と、時間はかかるけれど、一着一着を丁寧につくり、長く着られるものを提供しています。

picapica
ピカピカ

(11) P.136

- Schliemannstr.26
- 030 40045831
- mon_sat 11.00_20.00
- http://www.picapica-berlin.com

シンプルでかわいいウインドウディスプレイが気になっていたお洋服屋さんも、⑩のお店と同じく、サンプルから選んで作るオーダーメイドスタイル。サンプルでは全て生成り色の生地のものを出していますが、もちろんそれ以外の色の布でもOK。一見プレーンなデザインの物が多いのですが、一つの服で何パターンも着こなせる作りになっていたりと、ひと工夫されています。

Lokalkolorit (12)
ロカールコロリット P.137

Schlesische Str.32
030 69516991
mon_sat 12.00_20.00
http://www.lokoberlin.de

ストリートテイストのベルリンのデザイナーものを扱うショップで、Tシャツなどのアイテムが豊富に揃っています。カジュアルウエアが多いので、どれも買いやすいお値段なのがうれしいし、他ではあまり見ることができない商品もたくさんあります。その他、アクセサリーやバッグ、ベビー用のカジュアルウエアやおもちゃ、そしてベルリンのおみやげものも少し取り扱っています。

Granatta Arten (13)
グラナッタ　アーテン P.137

Falkensteinstr. 4
-not applicable-
mon_sat 12.00_19.00
-not applicable-

こじんまりとした手作りのかばん屋さんです。作っているかばんは、ほとんどがシーツやベッドカバーの生地を使って作っているのだそう。シーツというと、どうなのかしら？と思われそうですが、キュートなキャラクターものや水玉、花柄の生地などで作られていて、かわいいものばかり。木の輪っかがついたトートのring bagというシリーズが大人気。このお店のいちおしだそうです。

sexymama
セクシィママ

(14) P.136

- Lettestr.9
- 030 54714338
- mon,thr,fri 12.00_19.00
  tue,wed 10.00_18.00 sat 11.00_16.00
- http://www.sexymama.de

ヨーロッパで出生率ナンバー1の地域だけあって、ママとベイビーの姿をよく見かけるプレンツラウアーベルク。場所柄オシャレさんも多いわけで、妊娠中もオシャレをしたい！というママたちの夢をかなえてくれるショップです。本当にマタニティウエア！？というようなキュートなお洋服ばかりで、妊婦さんでなくても着られるものもたくさん。自分がママになった姿を想像しながらお買い物はいかが？

skunkfunk
スカンクファンク

(15) P.136

- Kastanienallee 19, 20
- 030 44033800
- mon_fri 12.00_20.00 sat 12.00_19.00
- http://www.skunkfunk.com/

最近人気のショップなんだよ、と教えてもらったこのお店は、スペインからやってきたストリートブランドのオンリーショップ。フロアが左右二つに分かれていて、片方に緑、青、オレンジといった鮮やかなカラーのものを、もう一方に赤や黒といったシックな色使いの商品を、と見せ方にこだわっているのだとか。メンズ・レディスのどちらもあるので、カップルで仲良くお買い物も楽しめます。

STARBEIT
スターバイト

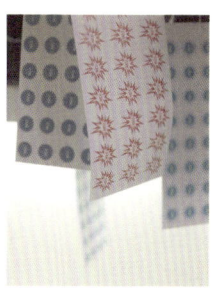

16
P.136

Danziger Str.21
030 44045868
mon_fri 12.00_20.00 sat 10.00_20.00
http://www.STARBEIT.DE

「流行に左右されることなく、作りたいものを作ろう!」そんなこだわりを持った4人がはじめたお店。スポーティーなタンクトップを、首元の部分にシースルー生地を付けて少しフェミニンな物に仕立てたり、スウェットの襟元にだけシャツ生地を貼付けたりと、オリジナリティ溢れるものばかり。自由な発想がお店中に飛びかっているという感じなのです。オシャレに敏感な人ならば外すことができない、要注目のショップです。

手作りのカバン屋さんでは、キュートなバッグがたくさん。

les jolies choses
レ ジョリー ショーゼ
P.135
(17)

Kleine Hamburger Str.15
030 30881692
mon_fri 12.00_20.00
-not applicable-

入り口の外にディスプレイされた、水玉や花柄といったかわいい柄のバッグに誘われ、中に入ってみると、そこには、たくさんのカバンが。パリからやってきたオーナーさんが、一つ一つ丁寧に作る商品はどれも一点物なので、お気に入りの鞄を発見したらすぐに購入しないと次に来た時はないかも！お店の奥にはギャラリーもあって、フランスのアーティストの作品を中心に展示を行っています。

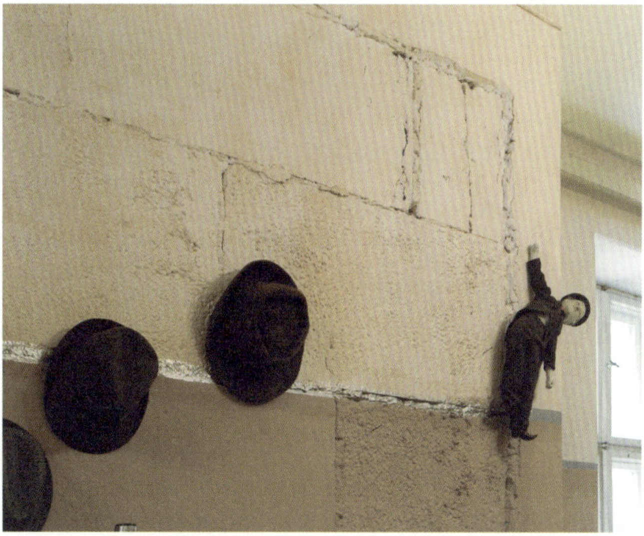

ひそかな感じのヴィンテージショップ。

cache cœur berlin (18)
カシュクール ベルリン P.136

Schönhauser Allee 174
030 44354962
tue_fri 14.00_20.00 sat 12.00_18.00
-not applicable-

ウインドウディスプレイからして、雰囲気たっぷりのヴィンテージショップ。店内には、レースを施したシャツ、ポップな柄が70年代を漂わせるワンピース、パーティーで着るようなフォーマルなドレスなど、どれも乙女心をくすぐるものばかりです。1930年代から最近のものまでと幅広く、それぞれのその時代を象徴するような生地を使ったものやデザインのものを仕入れているのだとか。どれもコンディションが良好なのもうれしい。

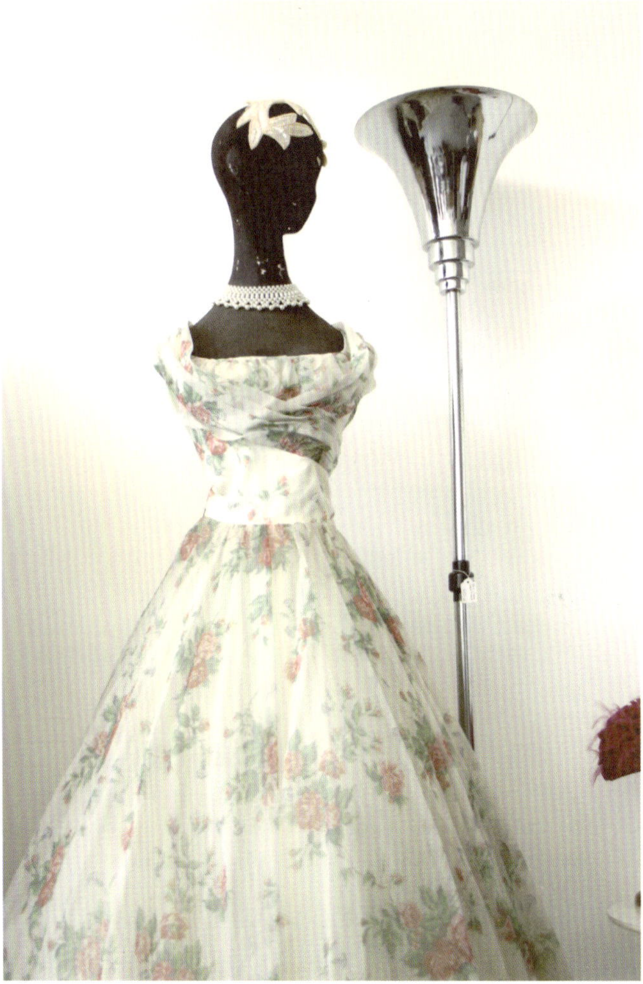

ピンク色がかわいらしい古着屋さん。

| IMMACULATE HEART ⑲
イマキュレート ハート　P.135

Rosa-Luxemburg-Str.28
030 92259670
mon_fri 13.00_19.00
http://www.immaculateheart-berlin.de

ピンクを基調としたインテリアがかわいらしい、ヴィンテージショップです。オシャレな女の子が好きそうな、ワンピースやカラフルなパンプスといったものを中心に取り扱っているようでした。商品数がそれほど多くはないのは、オーナーさん自身が着たいと思うものしか仕入れないというこだわりがあるからこそ。掘り出し物をみつけるというよりも、どれを買おうか迷ってしまうような感じになるかも？

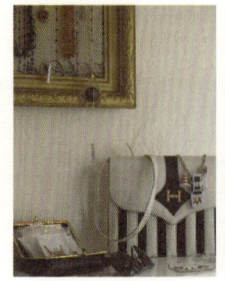

宝探し気分で、お気に入りのものをみつけに行く。

012
オー12

Oderberger Str. 12
030 91206723
mon_sat 10.00_21.00
http://www.strassenfeger-berlin.de

お店の外にまで溢れ出た洋服に靴、バッグ、そして家具！そう、ここは幅広いジャンルのヴィンテージを扱うショップでした。中にも魅力的な商品が所狭しと置かれていて、どれもがロープライス。70年代調の雑貨類が多く、デザインのかわいいグラスなどが豊富です。ちなみにお店の売上金はホームレスの人たちへの支援活動に利用されているそう。そんな姿勢が、さらにお店を素敵にしているのかもしれません。

TRASH SCHICK
トラッシュ シック

(21) P.137

- Wühlischstr.31
- 030 27574437
- mon_fri 12.00_20.00 sat 12.00_18.00
- -not applicable-

フリードリッヒスハインをお散歩中に、偶然発見したヴィンテージショップ。種類豊富なワンピース、それにパンプスはどれもお値段抑えめと掘り出し物がざくざく！店名はTRASH＝ごみ・即ち不要な物の中から、SCHICK＝良いものを探し出し、再生させていこうという意味。古いものを大切にするドイツらしいお店ですね。こちらも、売上金の一部をホームレスの人たちへの援助金として使用しています。

paul's boutique
ポールズ ブティック

(22) P.136

- Oderberger Str.47
- 030 44033737
- mon_fri 12.00_20.00 sat12.00_18.00
- -not applicable-

デニムやスニーカーを中心に取り扱う古着屋さん。びっしりと並べられた商品はメンズがやや多めのセレクトだけど、そんな中にラブリーなニットやカットソーといった掘り出し物のレディスアイテムが出てくる。お値段も抑えめなので宝探しにいくような気分でお買い物が出来そう！取材時もお昼どきだというのにひっきりなしにお客さんが!!地元っ子太鼓判のお店です。

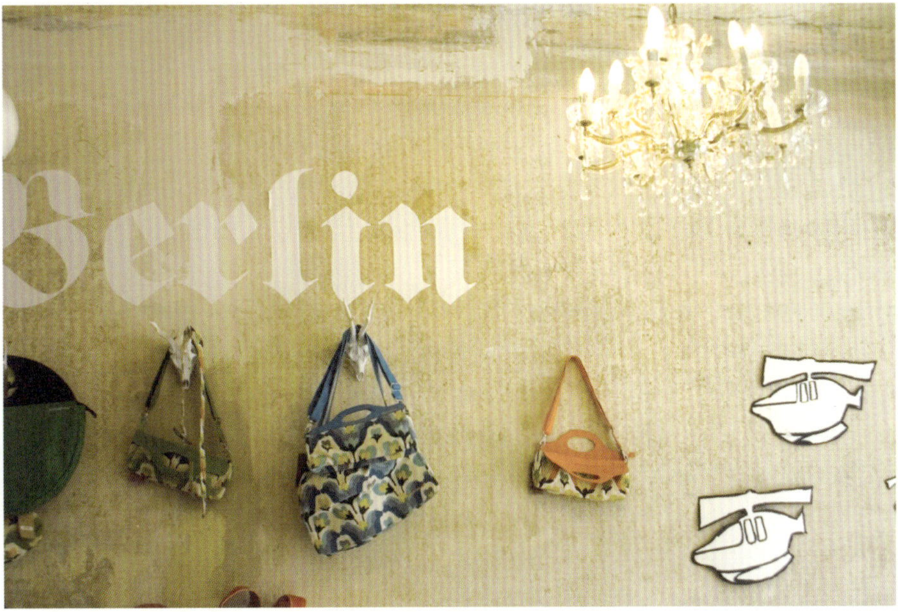

ここでしか買えないオリジナルを求めに・・・

kwikshop
クイックショップ

(23) P.136

Kastanienallee 44
030 41997150
mon_sat 12.00_19.00
http://www.kwikshop.de

ウィンドウにディスプレイされた商品を対面式で購入する、というユニークな雑貨屋さん。ずらりと並んだ商品は、どれも個性的。例えば「ダイヤモンド」「ゴールド」という文字が刻まれたスタンプは、指輪のかわりに指に押すもの（右の写真がそれ）。ドラムマウスという名の口で鳴らす楽器、お店オリジナルのCD、kwikshopのロゴ入りレモンビールなんていうものも。個性的なお友だちへのお土産探しにいかが？

タイムスリップ気分？東ドイツを体感 ☆

intershop2000
インターショップ2000　(24)　P.137

Ehrenbergstr.3-7
030 31800364
wed_fri 14.00_18.00
sat 12.00-18.00 sun 12.30_18.00
http://www.intershop2000-berlin.de

ボックスハーゲナーの蚤の市で、カラフルな鳥の形のエッグスタンドやレトロな雑貨が並ぶ露店を発見。ショップもあるということで、もらったフライヤーを頼りに行ってみました。店内に足を踏み入れると、なんともノスタルジックな世界が。それもそのはず、ここは東ドイツ時代の日用品を集めたお店でした。当時の列車で使われていた食器や包装紙などに囲まれていると、タイムスリップしたような気分が味わえます。

ドイツものの家具や雑貨がみつかります。

WOHNBEDARF
ヴォーンベダルフ
(25) P.137

- Kopernikusstr.24
- 030 26948763
- wed_fri15.00_19.00 sat 13.00_17.00
- http://www.wohnbedarf.net

ウインドウがステキで気になっていたショップは、60、70年代のデザイナーものを扱う家具屋さん。大きなソファから小物まであって、バウハウスデザインのガラスキャニスターなんかもさりげなく売られている。良心的なプライスなのに、どれも状態が良いのが魅力的。GEBRAUCHSGRAPHIKという50年代のドイツのアドバタイジングマガジンは日本ではお目にかかれないもの。デザイン好きな人は、ぜひ！

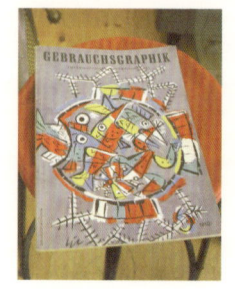

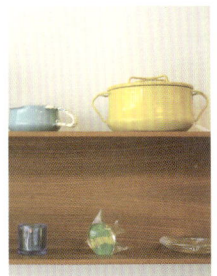

北欧ものが豊富に置いてあるようでした。

komfort 36
コンフォート36

P.137 26

Schlesische Str.38a
030 61620781
tue_fri 14.00_20.00 sat 13.00_18.00
-not applicable-

デザインものを扱う家具屋さん。70年代のイッタラのグラス、DANSKのほうろうシリーズ、昔のブラウン社の製品など、日本でもおなじみの商品が並んでいました。その他、70年代のドレスデン銀行のマスコットの象の貯金箱や、50年代のドイツ製の乙女なお菓子入れなんていう珍しい商品も。価格は日本で買うよりも少し抑えめなので、デザイナーズ好きな方にはオススメです。

two lifes
トゥー ライフズ

(27)
P.136

Stargader Str.78
030 44035845
tue_fri 12.00_19.00 sat 12.00_16.00
-not applicable-

20年代から70年代までの家具や雑貨、古着を扱うヴィンテージショップ。ここではどれも状態が良い物をセレクトしています。ヨーロッパものをメインに置いていて、中でも東ドイツ時代のものが豊富です。例えば、花瓶専用のテーブルという珍しいものや、旧東のアディダス的存在のGERMINAといメーカーのシューズ、それとJUGEND UND TECHNIKという当時の若者向けの雑誌なんかもありました。

ORBATA
オルバタ

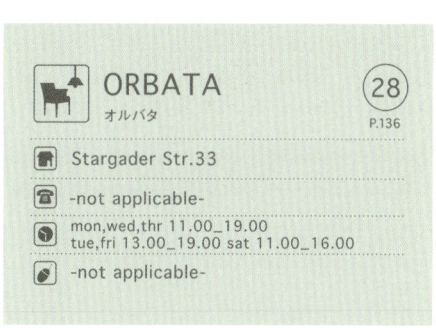

(28) P.136

🏠 Stargader Str.33
☎ -not applicable-
🕐 mon,wed,thr 11.00_19.00
　　tue,fri 13.00_19.00 sat 11.00_16.00
💳 -not applicable-

こちらのヴィンテージショップでは、溢れんばかりにいろいろな物が置いてあります。ランプ、食器、時計、家具、家電、なんと自転車までも売っていました。特にセレクトにはこだわらず、売れる物なら何でも扱っているとのこと。でもここ、実は稀少価値の高い物が破格値で売られていることも多く、見逃せません！じっくり時間をかけて掘り出し物を探してみましょう。

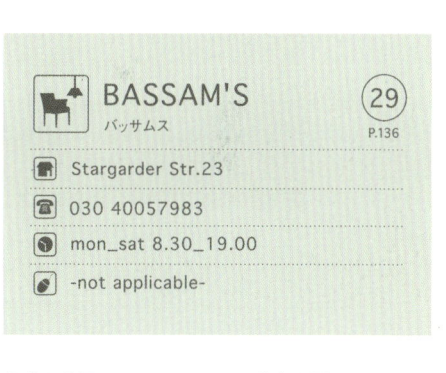

BASSAM'S
バッサムス

(29) P.136

🏠 Stargarder Str.23
☎ 030 40057983
🕐 mon_sat 8.30_19.00
💳 -not applicable-

家具と家電、それにヘンテコな雑貨も置いてあるリサイクルショップのようなお店。ノーブランドだけれども、色や形がかわいい70年代調の椅子や、派手めなチェック柄がキュートな西ドイツ製の食器などなど、格安で面白い商品が次から次へと出てきます。まるで蚤の市にいるかのような店内で、宝探し気分のお買い物ができそうです。こういうお店も外せないですね。

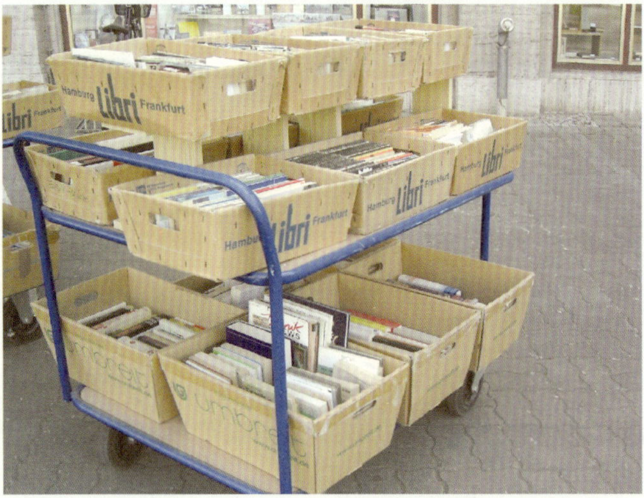
Hamburg Libri Frankfurt

誰かに手紙を書きたくなったなら・・・

R・S・V・P　PAPER IN MITTE
アール・エス・ヴイ・ピー　ペーパーインミッテ
30
P.135

Mulackstr.14
030 28094644
mon_fri 12.00_19.00 sat 12.00_16.00
http://www.rsvp-berlin.de

電話やメールでのやりとりが増えても、気に入ったポストカードやレターセットを見つけた時は、思わず誰かに手紙を書きたくなるものです。このお店では、そういう気持ちにさせてくれるものがみつかります。紙ものを中心とした文房具屋さんで、デザインにこだわった便せんや封筒が多数セレクトされています。商品は1枚から購入可能なので、無駄にならないのもうれしいですね。

本屋さんはいつもワクワクさせてくれる場所。

PRO QM
プロ クアドラートメーター

(31) P.135

Alte Schönhauser Str. 48
030 24728520
mon_fri 12.00_20.00 sat 12.00_18.00
http://www.pro-qm.de

海外の本屋さんでの楽しみは、ビジュアルの面白い本にたくさん出会えること。そんな私をいつもワクワクさせてくれる本屋さんがココ！建築・デザイン・その他芸術関係の本を中心に、世界中から良い物をセレクトしています。眺めているだけでも楽しい本がたくさんあって、いつの間にか時間が過ぎてしまう・・・。トークショーなどの楽しいイベントも時折行っているそうです。

建築の本がたくさん。

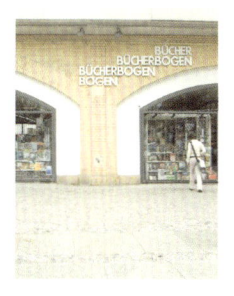

BÜCHERBOGEN
ビュッヒャーボーゲン

32
P.138

Stadtbahnbogen 593
030 31869511
mon_fri 10.00_20.00 sat 10.00_18.00
http://www.buecherbogen.com

サビニープラッツの高架下にある、セレクト書店。建築・美術・写真・映画、そしてファッションと幅広い分野を取り扱っていて、その品揃えは圧巻です。特に建築関係の書籍は、オーナーさんご自身が大好きな分野ということで最も力を入れていて、世界各国から面白い物を次々と入れているそう。日本の物もいくつか見かけました。ノイエナショナルギャラリーにも支店があります。

グラフィックものが好きなら、こちらがオススメ。

GAWRONSKI BUCHHANDLUNG
ガヴロンスキ
(33) P.135

Friedrichstr.119
030 24048890
mon_fri 11.00_19.00 sat 11.00_16.00
http://www.buchtormitte.de

ベルリン在住の人に教えてもらったこちらは、グラフィックものと写真、アート関連が中心のセレクト書店。なかでも一番力を入れているグラフィックものは、入ってすぐの所に大きくコーナーを設けていて、珍しいものがたくさんみつけられそう。今回発見したマガジン類や中国をはじめとしたアジアものも、目新しいものばかりでした。絵本の取り扱いもあり、ドイツ語のもののみですが、かわいいものが多いのでお土産にオススメです。

Säule

ベルリンショップ紹介　番外編

　ベルリンのショップ紹介はこれでおしまい・・・と思ったのですが、もう一つだけちょっと変わったオススメスポットを。それは、Alexander platzという駅のUバーンの乗り換え通路にある地下街。その数10店舗くらいでしょうか。東京の地下街のようにたくさんのお店があって活気があるという訳ではなく、ちょっと寂しい感じなのですが、ここに面白いお店がいくつかあるのです。まずその1、東ドイツショップ。店内には、食料品や日用雑貨といった東ドイツ時代から存続している会社の製品たちがいろいろと売られています。ダサいけど、何だか愛くるしい、柄物のナイロン地のバッグなんていうものも。店員のおばさんのやる気の無さもまた良いです。東ドイツものが好きな人ならば、行ってみる価値があると思います。その2、靴下屋さん。ウインドウにはいつも派手なタイツや靴下がディスプレイ。5本指ソックスも飾られていました。柄物好きな方は覗いてみてはどうでしょうか。その3、ロシアショップ。もちろん売っている物はメイド・イン・ロシアのみで、おなじみマトリョーシカもあれば、ロシア語が書かれたレトロな雰囲気のお菓子や小麦粉などもありました。プチロシア旅行が味わえそうなお店です。つい通り過ぎてしまいそうなこの地下街、ちょっと立ち寄ってみるのも面白いですよ。

TOSTA ATUM
TOSTA MISTA
Manchegokäse
€ 2,-
TOSTA ITALIA
TOSTA CHORIZO
Chorizosalami,
Käse
€ 2,-
€ 2,50
VEGI TOAST
Champignons,
€ 2,-

Essen
cafe / bakery / sweets

美味しいものを食べたり、心地よい空間でゆっくりしたり・・・。

サクサクのワッフルを食べに行かなくちゃ！

Kauf Dich Glücklich (34)
カウフ ディッヒ グリュックリッヒ P.136
Glücklich am Park
グリュックリッヒ アム パーク

Oderberger Str.44 (Kauf Dich Glücklich)
Kastanienallee 54 (Glücklich am park)

030 44352182

sun_thr 11.00_1.00
fri&sat 10.00_3.00 (Kauf Dich Glücklich)
mon_sun 10.00_19.00 (Glücklich am park)

ベルリンで一番のお気に入りカフェです。心地良いヴィンテージのソファーに座り、手作りのワッフルを食べて過ごす時間が、旅で一番幸せなとき。壁に飾られたアクセサリーやレトロな玩具、置いてある家具は全てが売り物で、お茶＋お買い物と2倍楽しめるのもユニーク。最近、近くにオープンした2号店のメニューにはクレープやフラムクーヘンというアルザス風ピザがあり、これがまた絶品！ぜひお試しを。

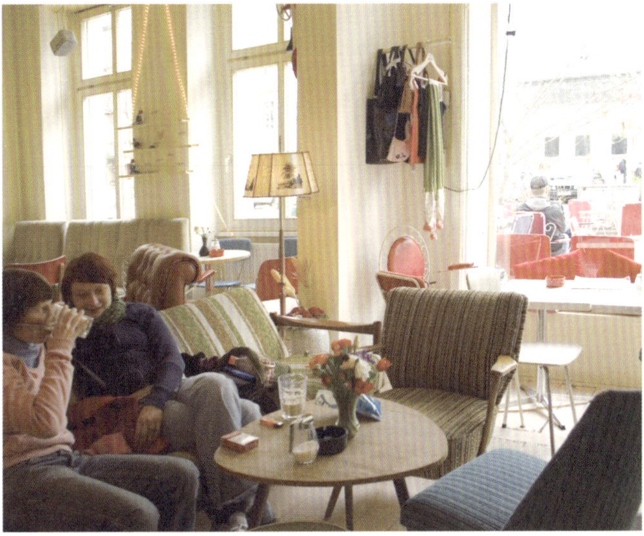

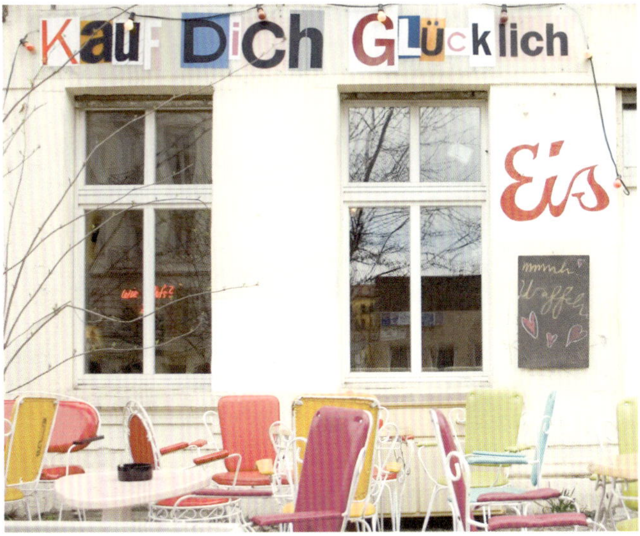
Kauf Dich Glücklich
Eis

テサ度120％のカフェがこちら☆

Napoljonska
ナポリョンスカ
(35) P.136

Kastanienallee 43
030 49301944
mon_sun 9.00_21.00
-not applicable-

パステルピンク、水色、そして白を基調とした店内。バラのソファにお花のようなフォルムのランプ。ラブリーなインテリアが、まるでお人形さんのお家のようなカフェなのです。初めて入った時には心の中で「ステキ！」を連呼してました。メニューは、オープンサンドやフォカッチャ、それにオーダーしてから作ってくれる甘いワッフルやクレープがおすすめ。乙女なひとときを過ごしに来てみてはいかがでしょう？

渋さと可愛いさのMix！

Wohnzimmer
ヴォーンツィマー (36) P.136

- Lettestr.6
- 030 4455458
- mon_fri 10.00_midnight
- http://www.wohnzimmer-bar.de

古い空間をそのまま利用した店内は、コンクリートの床と花柄や古めかしい雰囲気のソファが仲良く融合しています。ちょっぴり乙女なテイストに、渋さを掛け合わせたようなカフェといったところ？店内では、長居するお客さんたちが日当たりの良い席で、読書に、居眠りに、と自由に過ごしているようです。私もケーキとコーヒーを食べながら、「ちょっと一息」とボーっとしていたら、見事に居眠りしてしまいました。

宇宙旅行気分が味わえる。

☕ **bar gagarin** バー ガガーリン	㊲ P.136
🏠 Knaackstr. 22	
☎ 030 4428807	
🕙 mon_sun 10.00_2.00	
🖱 http://www.bar-gagarin.de	

「地球は青かった」で有名な、世界初の宇宙飛行士のガガーリン氏をリスペクトして作られたロシアンカフェ。宇宙をイメージさせるようなインテリアは、スペーシーすぎず、かわいらしくまとまっています。伝統的なロシア料理とフュージョン料理を楽しむことができ、特に人気はボルシチやビーツのスープだそう。ちなみに私のお気に入りはベジタリアンプレート。野菜不足になりがちな旅行中に嬉しいメニューでした。

60

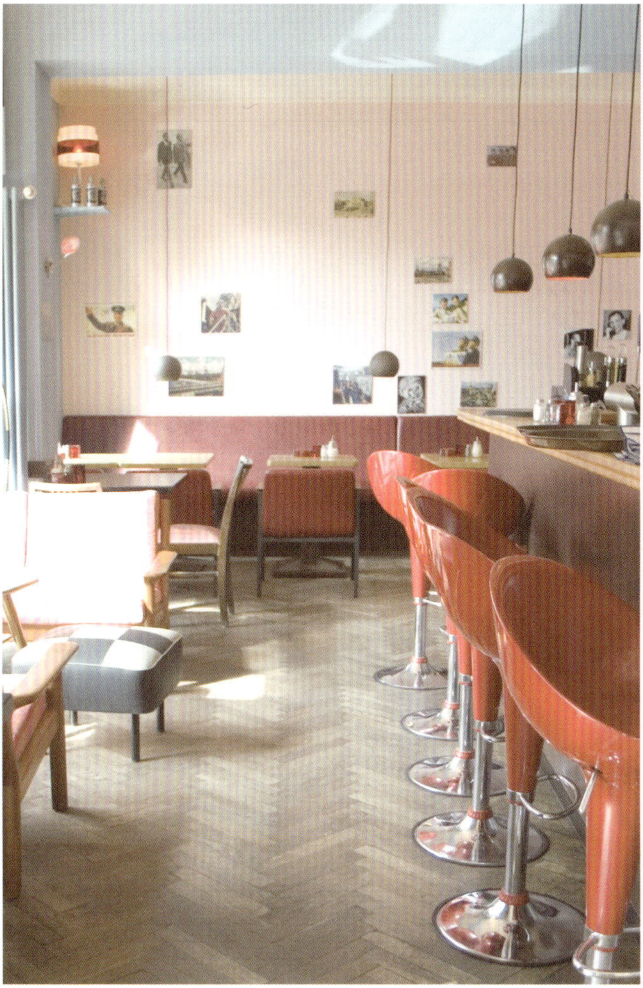

MilchHALLE
ミルヒハレ

(38) P.135

- Auguststr.58
- 030 40055960
- mon_fri 8.00_18.00 sat 10.00_18.00
- -not applicable-

ギャラリー巡りに疲れて、ひと休みしたいなと思っていた時、偶然見つけたカフェ。ミルクホールの名の通り、真っ白く清潔感のある店内にはミルク缶がディスプレイ。おしゃれな牛乳屋さんのようなインテリアになっています。フードはパンやデリ、それにマフィンなどのスイーツが何種類かと手軽に食べられるものが中心。気軽に立ち寄れる雰囲気が、ちょっとした休憩時にはありがたいですね。

Galão A pastelaria
ガラオ ア パステラリア

(39) P.136

- Weinbergsweg 8
- 030 44046882
- mon_fri 7.30_20.00 sun 11.00_20.00
- http://www.galao-berlin.de

「ポルトガルや南イタリアにあるバールのように気軽に立ち寄れる場所を・・・」と作られたこのカフェは、入りやすい雰囲気が人気で、朝早くから次から次へとお客さんがやってきます。ボリュームたっぷりのトーストサンドやクロワッサンのサンドイッチ、それにフランという軽めのプリンのようなスイーツがとっても美味しい。毎朝オーナーさんが、豆のチェックをしてから提供するコーヒー類も、クオリティが高くオススメです。

NOVEMBER
ノーヴェンバー

40
P.136

- Husemannstr.15
- 030 4428425
- mon_fri 10.00_2.00 sat&sun 9.00_2.00
- http://www.cafe-november.de/

住宅街の一角に佇むこちらのお店は、ドイツやロシア、それにポーランドといった東欧料理を提供している老舗カフェ&レストラン。そう聞くと、構えてしまいそうだけど、気軽に一杯飲んで行くだけの人もたくさんいます。つまりはどんなシチュエーションでもOKの利用価値が高い場所なのです。大人気の土日限定朝食ビュッフェは、ボリューム満点！お天気の良い日にテラスでゆっくりいただくのが気持ち良さそう。

SCHWARZSAUER
シュヴァルツザウアー

41
P.136

- Kastanienallee 13
- 030 4485633
- mon_sun 8.00_6:00
- -not applicable-

まだkastanienalleeがこんなに栄えていなかった93年、この通り初のカフェ&バーとしてオープン。茶を基調としたシックなインテリアはとても落ち着いた雰囲気で、今も昔も近隣に住むアーティストやミュージシャンが通い、我が家でくつろぐように過ごしていくのだとか。営業時間が長いのは、朝早い人、朝まで遊んでいた人と、どんな時でも使えるように、とのこと。そんなさりげない心遣いもうれしいですね。

美味しいごはんが食べられる！

ALTES EUROPA
アルテス オイロパ

42 P.135

Gipsstr.11
030 28093840
mon_sun 12.00_3.00
http://www.altes-europa.com

ミッテにはお洋服屋さんやギャラリーはたくさんあるのに、カフェは少ないなぁと思っていたところ「良いカフェがあるよ」と教えてもらったお店。ドイツ料理を中心としたメニューが、手頃な値段で楽しめます。席と席の間隔がゆったりしていてくつろげるのもうれしい。15時までの日替わりメニューでは、じゃがいもを使ったクネーデルという伝統料理が食べられることも。モチモチとした食感がクセになります。

蚤の市帰りに美味しいカフェごはんを食べたいなら。

SOYLENT
ソイレント

43
P.137

Gabriel-Max-Str.3
030 29369463
mon_fri 15.00_midnight
sat&sun 11.00_midnight
-not applicable-

ボックスハーゲナープラッツの蚤の市の帰りに発見したカフェです。フードメニューの種類が豊富で、特に野菜をたっぷり使った物が多く、何種類かはベジタリアン用のメニューという物もありました。ここでは食材のほとんどに、オーガニックのものを使用しているそう。ちなみに、この日食べたのは日替わりメニューのジャガイモとチョリソーのサラダ（写真左）。これだけでお腹がいっぱいになるほどのボリュームでした。

Säule

ベルリンのカフェへ行き、思ったこと。

ベルリンにはたくさんのカフェがあります。それだけ需要があるんだなぁ、と感心させられる程。さて、そんなベルリンのカフェですが、東京のカフェと比べていると、違うなぁと感じることがいくつかあります。

まず、朝早くからオープンしているところが多いのです。9時や10時くらいから営業をしていて、そういうところは大抵朝食メニューをやっています。内容はお店によって様々ですが例を挙げると、クロワッサンとフルーツのプレート、チーズとサラダとトーストのプレート、ミュズリーとヨーグルトなど。
ボリュームたっぷりのメニューから、軽めの物まで、いろいろとありました。
このところ旅先での朝食は、カフェで食べることが多く、いろいろなところへ行き試しています。そしてふと思うのが、私はツーリストなので、比較的ゆっくり過ごしていますが、地元の人と思われる様なお客さんでも、くつろいでいる人が多いということ。出勤前の人、子連れの人、と様々。朝からカフェでゆっくり過ごしている姿を見ると何だか羨ましくなります。慌ただしい東京とは違うなぁといつも思ってしまうワケです。

次にドリンクメニュー。内容自体はさほど東京とは変わりはなく、コーヒー、紅茶（時に緑茶を置いている所もあったりします）、ソフトドリンク、お酒といったところ。コーヒーメニューにはラテマキアートというものがあって、要はカフェラテなのですが、日本の物とはちょっぴり違います。日本ではコーヒーと同じ様なカップに入ってきますが、ベルリンのカフェではグラスに入ってくることが多いのです。しかも高さ15センチくらいのものに、たっぷり入ってきます。それで2ユーロから2.5ユーロくらいだからとっても安い！ちなみにいろいろなところで飲んだ結果、一番美味しかったのが㊺kauf barのラテマキアート。泡立てたミルクがなめらかで、クリーミーでした。これは好みがあると思いますので、いろいろと飲み比べをしてみてはどうでしょう？

そして最後にインテリア。印象的だったのは、カラフルな色合いのヴィンテージの家具を利用しているお店が多かったところです。東京にもヴィンテージの家具を利用しているところはありますが、シックな黒や茶色のものを利用している感じがします。これは何でだろうと考えていたのですが、もしかしてお天気なんかが関係してくるのかな？と思いました。というのも、夏が短くて曇りが多いベルリン。外が暗いから、店内は元気な色合いにして、気分を盛り上げようということなのかしら？なんて。これはあくまで私の想像です。本当のところはわからないのですけどね。たまたまかしら？
他にもいろいろ、東京とは違うな、と感じるところが多々あるはず。
是非行ってみて体感してきてください！

Gehen wir ins café!

にんにくマークが目印のデリカフェ。

knofi
クノフィ
44
P.137

Bergmannstr.11
030 69564359
mon_sun 7.00_20.00
http://www.knofi.de/

にんにくマークが目印のこちらは、種類豊富なデリが食べられるカフェ。メニューはどれもボリュームたっぷりで、お腹ぺこぺこの時にはありがたい存在。カウンターで何やら美味しそうな物を作っていたので聞いてみたところ、トルコ風のおかずクレープ、とのお答え。野菜とチーズなどが入ったものと、お肉が入ったボリュームたっぷりのものの2種類があるそうです。その他スープやキッシュも人気です。

店内のものは買うことができます。

kaufbar
カウフバー

📍 Gärtnerstr.4
📞 030 29778825
🕐 mon_sun 10.00_1.00
🌐 http://www.kaufbar-berlin.de

45
P.137

インテリアがとってもかわいい、フリードリッヒスハインのカフェ。お茶をしながら店内を見回していたら、家具や小物に値段が付いていることに気がつきました。そう、これらは購入可能なのです。その他、例えば自分が飲んでいるお茶のカップが気に入ったとしたら、それも買うことが出来ます。私も飾ってあった東ドイツ製のティーポットを1.5ユーロで購入しました。本当は8ユーロの傘立ても買いたかったなぁ。

程よく力の抜けた感じが良い。

Cafe SAN REMO UPFLAMÖR
カフェ サンレモ ウプフラメア

46
P.137

- Falckensteinstr.46
- 030 74073088
- mon_sun 10.00_2.00
- http://www.sanremo-upflamoer.de/

イーストサイドギャラリーからクロイツベルクへお散歩中に、どこかお茶する所が無いかしら？なんて思っていたら、ちょうど良いタイミングでカフェを発見。キメすぎていなくて、程よく力の抜けたインテリアが、ほっとさせてくれます。だから、地元の人がいつもまったりお茶をしに来ています。メニューはトーストが数種類と自家製ケーキ、そしてスナック類と簡単なもののみ。週末だけ朝食があります。

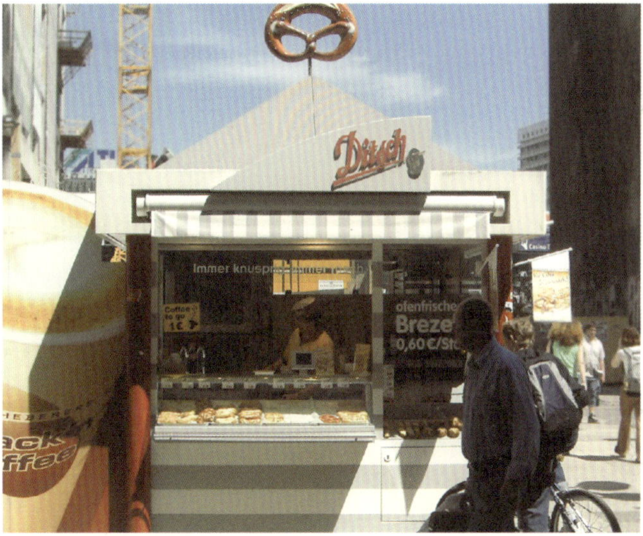
Ditsch

時間を忘れて、まったりとすごせる場所。

Marietta
マリエッタ

(47) P.136

Stargarderstr.13
030 43720640
mon_fri 10.00_2.00 sat&sun 10.00_4.00
http://www.marietta-bar.de

ゆったりと置かれたヴィンテージの家具と、少し落とした照明。行くとなかなか腰を上げることができない居心地の良いカフェ&バーです。よりリラックスできるようにセルフサービスという心遣いもうれしい。週末の夜になるとDJが入ってパーティスタイルになり、ひと味違う雰囲気が楽しめます。人気メニューのバニラアイスにりんごのムースがかかったスウェーデン風アイスを食べながら、まったりと一日を過ごすのも良いものです。

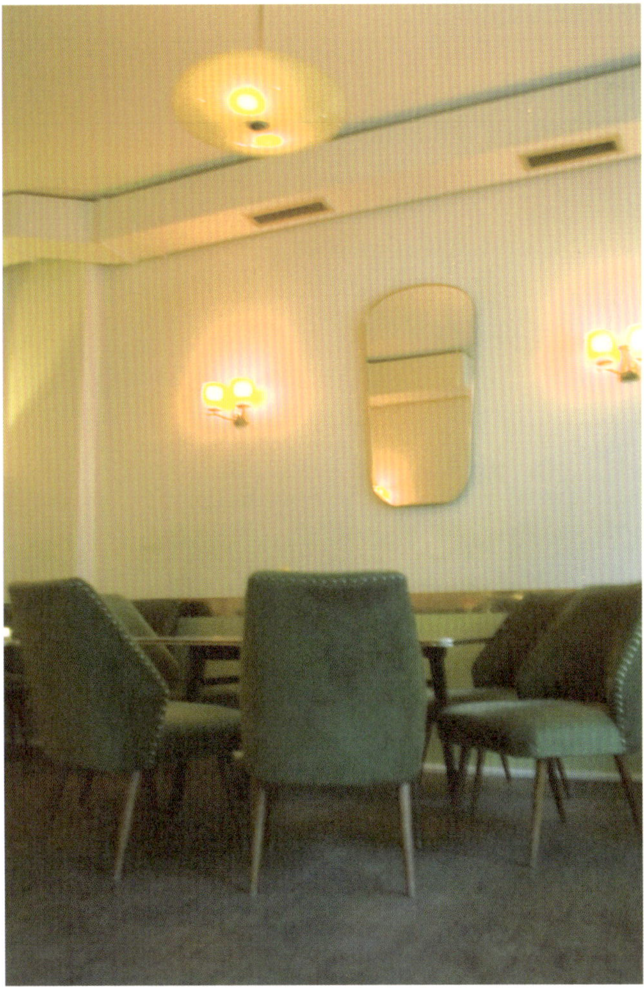

クールなインテリアと美味しいカフェごはんが魅力的品

103
103

(48)
P.136

Kastanienallee 49
030 48492651
mon_sun 9.00_midnight
http://www.agentur103.de/

オシャレなインテリアが目を引くこのカフェは、アジア、ラテン、ドイツやイタリアンといったいろいろなジャンルのごはんが楽しめます。オープンから16時(日曜は17時)までやっている朝食も人気で、軽めのミュズリー&ヨーグルトからパン・サラダ・卵・フルーツなどがのったボリューム満点プレートまで、空腹加減に合わせてチョイスできます。お隣にはベジタリアンフードのインビス(軽食屋さん)もあり。

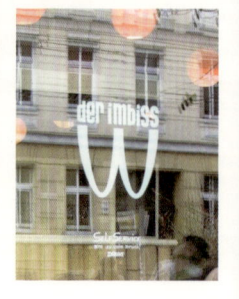

まったり、まったり。たまにはこうやって過ごすのも、、。

Café Neue BohneN (49)
カフェ　ノイエボーネン
P.137

Schlesische Str. 28
030 47032236
mon_sun 12.00_midnight
-not applicable-

まったりできるカフェ&バー。店内には、ずーっとおしゃべりをしている人、熱心にパソコンに向かって仕事をしている人、本を読む人、と様々。どんなシチュエーションでも、腰を落ち着けて過ごせる場所なのです。メニューは12時から16時までは3種類のフードがあって、あとはドリンクのみになります。地下にはイベントスペースがあり、アーティストの展示なども不定期で行っているのだそう。

クールなバーで美味しいお酒をどうぞ。

ČSA
チェー エス アー

(50) P.137

Karl-Marx-Allee96
030 29044741
mon_sun 20.00_midnight
-not applicable-

この通りで一番素敵なバー。かつてはチェコ航空のオフィスが入っていて、バーとなった今も略称のČSAを使っています。建築・デザイン誌で取り上げられる程のシンプル＆クールな内装は、オーナーさん自身によるデザイン。特に建築の勉強などはしておらず「美味しいお酒が飲める場所にしようとしたら、こういう空間ができあがった」とのこと。ここではコーヒーなどのメニューもあるので、お酒が飲めない人でも楽しめます。

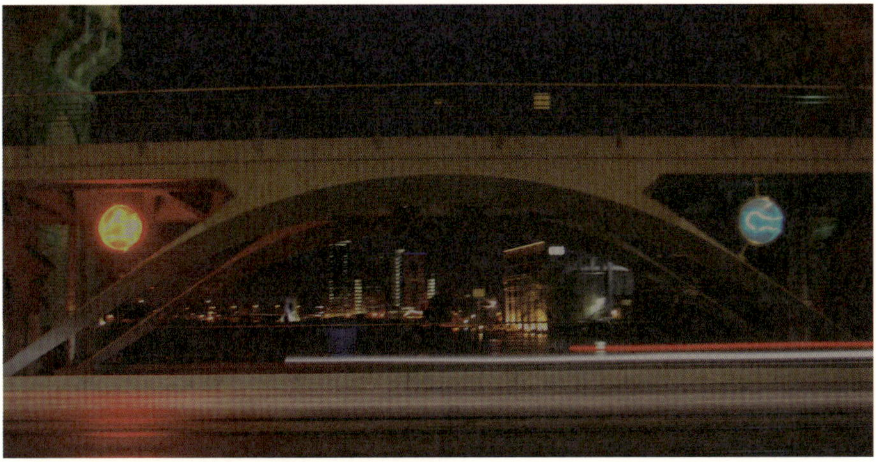

セレクトされたチョコレートをおみやげにいかが？

Olivia
オリヴィア

(51)
P.137

Wühlischstr.30

030 60500368

mon_fri 10.00_19.00
sat 10.00_17.00 sun 12.00_17.00

-not applicable-

壁紙の可愛さに惹かれて入ったチョコレートショップ。「この地区に美味しいチョコやケーキが食べられるお店がなかったので、だったら自分で作ろうと思って始めたの」と語るキュートなオーナーさん。お店のイチオシはcoppenuerというメーカーの塩キャラメルチョコレート。意外な組み合わせがやみつきになる味！同じ通りの系列のフードショップには、オーガニックのパンや種類豊富な生ハム、チーズなどがありました。

濃厚なホットチョコレートが飲めるよ。

In't veld / kakao
イントフェルト / カカオ
(52)
P.136

Dunckerstr.10

030 48623423(In't veld)
030 44035653(kakao)

mon_fri 12.00_19.00
sat 11.00_16.00 (In't veld)
mon_sun 12.00_24.00(kakao)

http://www.intveld.de

ディスプレイもおしゃれなこちらは、世界中から厳選したチョコレートを取り扱っています。プレーンタイプからチリ味といった珍しいものまであります。どれもオススメだけれども、私はお店のオリジナルチョコが一番好き。お店のロゴになっているの船のマークが入った箱入りで、お土産に喜ばれそう。ショップ横にはkakaoという名前のカフェも併設しています。こげ茶色のカカオカラーの店内で、濃厚なホットチョコレートをどうぞ。

さくさくのクロワッサンはやみつきに

barcellos
バルチェロス
(53) P.137

Görlitzer Str.32a
030 6122713
tue_sat 10.00_18.00
http://www.salonsucre.de

仲良し夫婦が営むパン屋さん＆ヘアサロン。旦那様が作るパンは、すべて機械を使わずに、一つ一つ手作業で。生地がサクサクのクロワッサンやキッシュは、どれもほっぺたが落っこちそう！奥様の完全予約制のサロンは日本人の顧客が多いことからもわかるように、丁寧で腕が良いと評判です。そして何より、お互いを気づかうその姿はとっても微笑ましく、憧れるなぁと思いました。

良い素材で作られたパンはどれも美味しい。

Tillmann
ティルマン

54
P.138

Ludwigkirchstr. 14
030 6139100
mon_fri 7.00_19.00
sat 8.00_14.00 sun 9.00_13.00
http://www.tillmannkonditorei.de/

私は大のパン好き！美味しいパン屋さんに出会うと、それだけでテンションが上がってしまいます。Tillmannもそのうちの一軒。材料はすべてオーガニックのものを使用するこだわりようで、美味しさの証拠に、朝からお客さんがひっきりなしにやってきます。人気はディンケルという栄養価の高い小麦粉を使ったパンや、かぼちゃの種がたっぷり乗ったライ麦パンといったドイツもの。種類豊富なスイーツもおすすめです。

Kirsche	Orange
Apfel	Erdbeere

kalk

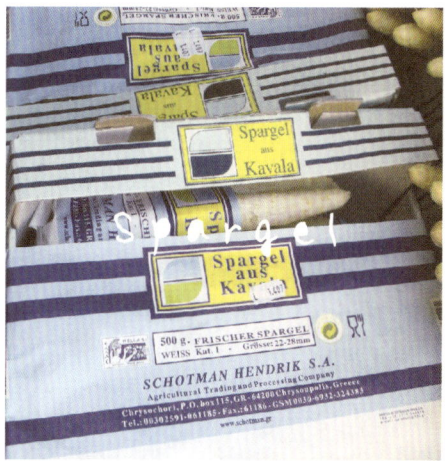

spargel

pilz

Radieschen

14059 BERLIN

Kuchen im
min. 3 Monate haltbar · Immer wie fris
www.kebe-living.de
IM GLAS
€ 5,40
€ 6,40
Kreationen a

BIO DELI
ANGEBOT
KLEINES FRÜHSTÜCK
1 Croissant +
1 Tasse Kaffee 2,00
tip

Säule
bioについて

ベルリンの街を歩いていると、至る所でbioと書かれたオーガニックものを扱うスーパーマーケットを見かけ、ベルリナーの関心の高さに驚きました。店内へ入ると、日本にあるオーガニックのスーパーマーケットと同じように、野菜・パン・加工食品・化粧品などが置かれているのですが、珍しい物としてbionadeという微炭酸のジュースや、豆乳の生クリームなんていうものもありました。うーむ、ちょっぴり未知の世界ですね。そんなスーパーの一つであるbiodeliでは、これらの商品の他に、ちょっとしたデリやコーヒー類もあり、イートインもできるようになっています。美味しい物をその場で食べられるのがうれしいお店です。

そしてbioの需要が高いベルリンでは、毎週土曜日になると、kollwitz platzでビオマーケットも開かれます。ここでは、野菜やパン、その他手作りのジャムやオリーブオイルなど、いろいろなお店が軒を連ねています。どれもとっても美味しそうで、こんなに良い食材が手に入るのならば、キッチン付きのホテルに泊まって自分でお料理してみたかったなぁ、なんて思いました。次回こそは実行してみようと思います。

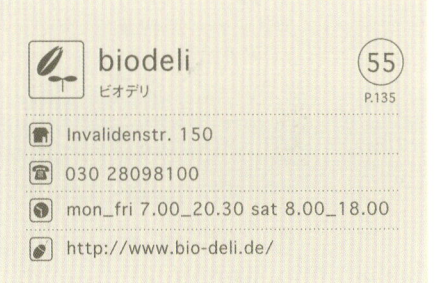

biodeli （55） P.135
ビオデリ
Invalidenstr. 150
030 28098100
mon_fri 7.00_20.30 sat 8.00_18.00
http://www.bio-deli.de/

kollwitzplatz bio markt （56） P.136
コルヴィッツプラッツ ビオマーケット
kollwitzplatz
-not applicable-
sat 9.00_17.00
-not applicable-

クネーデルの作り方

p.64でご紹介をした、ALTES EUROPAで食べた
ドイツ料理のクネーデルの味が忘れられず、お家でも作ってみました。
クネーデルは前にも書いたとおり、じゃがいもで出来たお団子のようなもの。
ニョッキに似た食感です。美味しいので、是非お家でトライしてみてください。
ソースもクリーム系やトマト系など何にでも合いそうなので、
お好みで作って合わせてみてください。

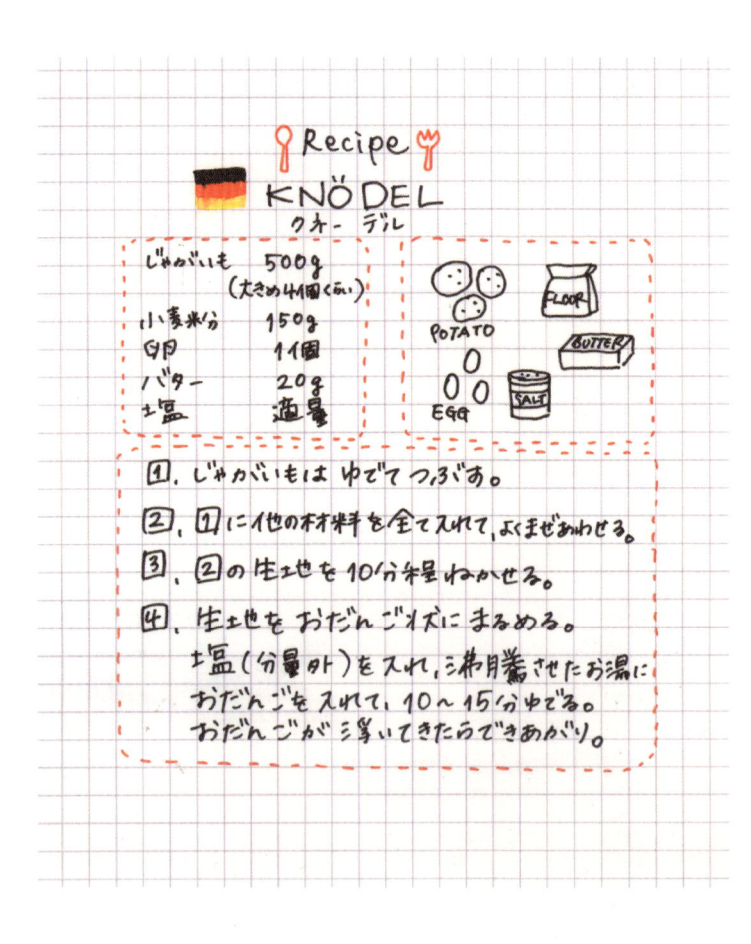

Recipe KNÖDEL クネーデル

- じゃがいも　500g（大きめ4個くらい）
- 小麦粉　150g
- 卵　1個
- バター　20g
- 塩　適量

1. じゃがいもは ゆでて つぶす。
2. ①に他の材料を全て入れて、よくまぜあわせる。
3. ②の生地を10分程ねかせる。
4. 生地を おだんご状に まるめる。
   塩（分量外）を入れ、沸騰させたお湯に
   おだんごを入れて、10〜15分ゆでる。
   おだんごが浮いてきたらできあがり。

vollendung

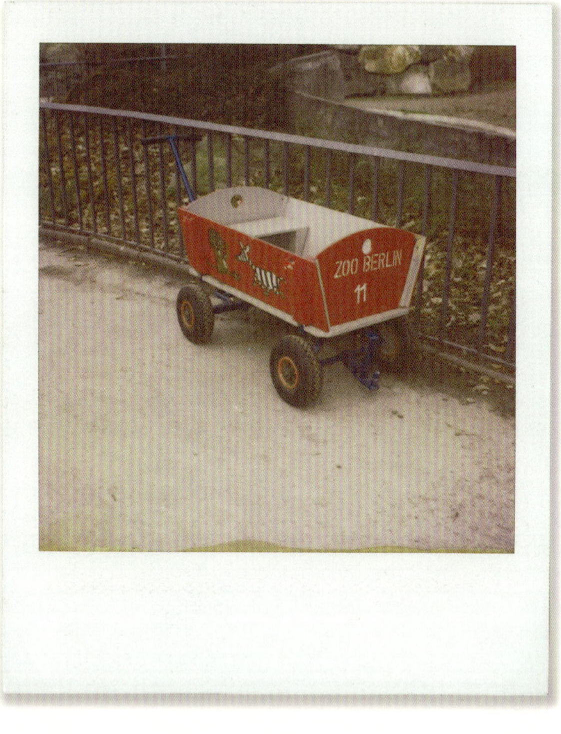
ZOO BERLIN
11

Besichtgung

museum / zoo etc

定番の観光スポットを少しご案内します。

ベルリンを訪れたならば、外せないテレビ塔。

Fernsehturm
テレビ塔

(57) P.135

Panoramastr.1A
030 2423333
mar_oct 9.00_24.00 nov_feb 10.00_24.00
http://www.berlinerfernsehturm.de/

ベルリンに来た時に一番感動したのは、このテレビ塔を見たとき。レトロな雰囲気と摩訶不思議な外観に、ああ、ここは社会主義国だったんだと実感しました。1969年からベルリンを見守っているタワーは、東京タワーよりもちょっぴり高い365メートル。球体部分の展望台からは、深い緑と古い建物が残るベルリンの街並みを堪能することができます。

美術館巡りには欠かせないところです。

	Hamburger Bahnhof	58
	Museum fuer Gegenwart-Berlin	
	ハンブルガー バーンホフ ベルリン現代美術館	P.135

Invalidenstr. 50- 51
030 39783411
tue_fri 10.00_18.00
sat 11.00_20.00 sun 11.00_18.00
http://www.hamburgerbahnhof.de/

ミッテのちょっとはずれにある美術館です。ベルリンからハンブルクを結ぶ駅舎をリノベーションして1996年にオープンしました。天井が高く開放的な空間になっています。ここでは、アンディ・ウォーホルやボイスらの作品を楽しむことができます。すぐ横にカフェも併設されていて、お天気の良い日には川沿いのテラス席でのんびりすごせそうです。

	Neue nationalgalerie	59
	新ナショナルギャラリー	P.138

Potsdamerstr.50
030 2662951
tue,wed,fri 10.00_18.00 thu 10.00_22.00
sat&sun 11.00_18.00
http://www.neue-nationalgalerie.de/

ポツダム広場周辺にはベルリンフィルハーモニー、ソニーセンターなど、特徴的な建物がいくつもありますが、ミース・ファンデル・ローエが設計したことで有名な新ナショナルギャラリーもそのひとつ。鉄筋とガラスでできた建物でムンク、ピカソ、ダリ、ミロ、その他1960年代までの20世紀のヨーロッパ絵画や彫刻を楽しむことができます。

こちらも必見。建物もステキ！

| | Bauhaus-Archiv
Museum für Gestaltung
バウハウス展示館 | ⑥⓪ P.138 |

- Klingelhöferstr.14
- 030 2540020
- wed_mon 10.00_17.00
- http://www.bauhaus.de/

ドイツといえば、のbauhaus。その歴史がわかる資料館がこちら。写真や家具などのコレクションを展示しています。建物自体もユニークで、初代校長をしていたヴァルター・グロピウスが設計をしています。展示作品を見た後は、すぐ横にあるミュージアムショップへ行きましょう。セレクトされた雑貨類にオリジナルの文房具やチョコレートは、さすが！というようなデザインのものがみつかります。

| | Jüdisches Museum
Berlin
ユダヤミュージアム | ⑥① P.137 |

- Lindenstr. 9-14
- 030 25993300
- mon 10.00_22.00 thu_sun 10.00_20.00
- http://www.juedisches-museum-berlin.de/

建築が気になっていて行ってみたユダヤミュージアム。メタリックな建物にいくつもの線のような模様が刻まれていて、とても特徴的。これには歴史的な背景の意味合いも含まれているのだそうです。入場しようと入り口を必死で探したら、この建物ではなく、横にある洋館のようなところが入り口でした。まるで迷路のような作りの館内には、ドイツとユダヤの複雑な歴史に関する資料が展示されています。

今日はどんな展示をやっているのかしら？

	KunstWerke	(62)
	Institute forContemporary Art	P.135
	クンストヴェルケ	

Auguststr.69

030 2434590

tue_sun 12.00_19.00 thu 12.00_21.00

http://www.kw-berlin.de

ベルリンへ行く度に足を運ぶギャラリー。1990年初頭に、クラウス・ビーゼンバッハ氏とアートに興味を持った何人かの人により、マーガリン工場跡地に作られました。単なる展示施設にとどまらず、アトリエや研究所も兼ね備えた場所として機能しており、ここから若手アーティストの作品が次々と発信されています。中庭には、たっぷり光が差し込むガラス張りの、cafe bravoがあります。

	C/O	(63)
	ツェーオー	P.135

Linienstr.144

030 28091925

wed_sun 11.00_19.00

http://www.co-berlin.com/

ポスターに惹かれて思わず入ってみたフォトギャラリー。ドイツ国内外関係なく、ドキュメンタリー写真や、若手フォトグラファーのアーティスティックな作品などを展示しているそうです。その他、シンポジウムやワークショップといったことも時折行っているのだそう。面白い写真を見てみたいなら、こちらへどうぞ。

街歩き中のひとことメモ

テレビ塔から見た
ベルリンの街並み。
大聖堂が小さく見えています。

アイス屋さんの看板を発見。
アイスはEISと書くようです。

未来のサッカー選手かな!?
広場でゲーム中でした。

快晴のある日。
カフェのテラスは
早い時間にも関わらず、
いっぱいに。

Alexanderplatzの駅。
どーんと大きな看板がかっこいい。

Tiergartenをお散歩中。
緑のにおいがしてきます。

ゴロゴロと寝れべってのんびりすごす。

| 🌳 | **Volkspark am Weinbergweg** フォルクスパーク | 64 P.136 |

🐘 Weinbergsweg

| 🌳 | **Tiergarten** ティアガルテン | 65 P.138 |

🐘 Tiergarten

ベルリンで街歩きをしていると、緑が多いなと思います。街のほぼ中央にはTiergartenというとっても大きな公園があり、ジョギングやお散歩をしている人たちをよく見ます。その他小さめの公園や広場では、赤ちゃんや子供たちが遊んでいる姿や、ひなたぼっこをするベルリナーの姿がちらほら。お天気のよい日は地元の人に交じって、公園でのんびりお茶でも飲みながら休憩も良いものですね。

本日は動物園へいってきまーす。

Zoologischer Garten 66
動物園
P.138

Hardenbergplatz 8

030 254010

3/15_10/14 9.00_18.30
10/15_3/14 9.00_17.00

お買い物や美術鑑賞に疲れたら動物園でのんびり、なんていうのはいかが？ベルリンの中心にあるこの動物園は、なんと1844年開園という歴史あるところ。園内は広い上に動物の種類もたくさんなので、半日くらいかけて動物観察をしてみましょう。ちなみに私はどこの動物園に行ってもキリンを観るのが好き。首が長ーくてお目めばっちり、ちょっぴりアイドルみたいな存在です。

その他の観光地

Siegessaeule ⑥⑦
戦勝記念塔   P.138
🏠 Straße des 17. Juni

「ベルリン天使の詩」でお馴染み。塔の中は展望台なので上ることができます。

Brandenburger Tor ⑥⑧
ブランデンブルク門   P.138
🏠 Pariser Platz

ベルリンのシンボルともいえる門。1791年ラングハンスの設計。

Reichstag ⑥⑨
連邦議会議事堂   P.138
🏠 Platz der Republik

屋上のドームが印象的な議事堂。ドームへは上ることができ、360度の展望を楽しめます。

Berliner Dom ⑦⓪
ベルリン大聖堂   P.135
🏠 Am Lustgarten 1

1905年に完成した巨大な教会建築。中のステンドグラスが素敵。

Sony Center (71) P.138
ソニーセンター

🏠 Potsdamer Platz

ポツダム広場にある、特徴的な建築で有名な複合施設。いつも観光客でにぎわっています。

Mauer (72) P.137
ベルリンの壁

🏠 Mühlenstr

シュプレー川沿いのベルリンの壁跡地にある野外ギャラリー。

Checkpoint Charlie (73) P.137
チェックポイント チャーリー

🏠 Friedrichstr

壁があった時代に、連合国の軍人と外国人のみが通行できた国境。すぐ横にベルリンの壁博物館も。

holocaust-denkmal (74) P.138
ホロコースト記念碑

🏠 Ebertstr

ナチスによるユダヤ人大量虐殺の犠牲者を慰霊するために建てられた追悼碑。

a.m. 11:00
おなかもいっぱいになったので蚤の市へ。歩いてアルコナプラッツへ向かいます。おお！やってる、やってる。お店が出ています。私のツボをついてくるものばかりあって、たくさん買ってしまいました。

START
a.m. 10:00
週末はちょっぴり朝寝坊。起きて支度をして、今日は蚤の市へ向かいます。でもその前に腹ごしらえをしておかなくちゃ。乙女なカフェ、Napoljonskaで朝ごはんです。

ベルリンで過ごす1日
weekend 編

ベルリンは日曜日になると、ほとんどのお店がお休みになってしまいます。でも大丈夫。街のあちこちで楽しい蚤の市が開かれているのです。ある日曜日、一日かけて蚤の市めぐりをしてみました。

GOAL
p.m. 11:00
お腹いっぱい！大満足です。ホテルへ戻り、蚤の市でみつけてきたものを広げて記念撮影。うふふ。ではお風呂に入って寝ます。おやすみなさーい。

p.m. 8:00
一旦ホテルへ戻り、荷物を置いて103へ移動します。今夜のディナーはここで。アジアンなものにしようかなぁ、それとも･･･と悩みます。

p.m. 0:00

その後近くのマウアパークへ移動。ここでも目をキラキラさせながらお宝探しをします。ガラクタの中から、これまた私が好きなテイストの物をみつけたりしました。そして良いにおいがしてくると思ったら、会場内にホットドッグ屋さんが・・・。さっきごはんを食べたばかりなのに、ちょっと買ってみちゃいました。

p.m. 1:30

蚤の市めぐり、前半戦は終了です。最初からエンジン全開だったので、もう荷物がたっぷり。買い過ぎてしまったかしら？
ここからのんびりトラムに乗って、ベルリンの街並を見ながらフリードリッヒスハイン地区へ移動します。次の蚤の市へ行く前にランチへ。野菜たっぷりなメニューが豊富なSOYLENTへ。

p.m. 2:30

ランチを食べたら、蚤の市めぐりの後半戦。ボックスハーゲナーからスタートです。またまたここでも、お気に入りを発見しました。さくっとお買い物をした後に、本日のラスト、オストバーンホフの蚤の市へ行きます。年齢層高め＆渋めな雰囲気で他とは違う感じ。ここでラストのお買い物をした後に、ドーナツ屋台なるものを発見。美味しそうなにおいについつい惹かれて買っちゃいました。美味しい★

p.m. 5:00

蚤の市巡り終了です。歩き＆探し疲れたのでお茶をします。ボックスハーゲナー方面へ戻って、kaufbarにて一息入れます。美味しいラテマキアートをいただきます！
さて、今日のディナーはどこへ行こうかな、とまた悩みます。

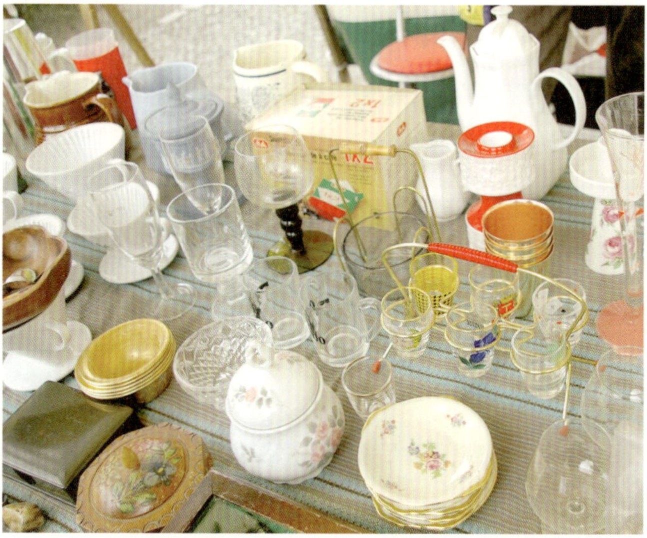

Markt
old tablewear / old books / antique goods

休日のお愉しみ、蚤の市。どんなところがあるか覗いてみましょう。

東ドイツ製の食器やカトラリーを発見！

arkona platz
アルコナプラッツ

⑦⑤
P.136

- Arkona platz
- sun 10.00_18.00
- -not applicable-

プレンツラウアーベルクの小さな広場で開かれている蚤の市。場所柄か、若くてオシャレな人が集まってくる感じ。60〜70年代の東ドイツ時代の物と思われるキッチュな雑貨がよく目につきました。ここでは柄物ハンガー（写真上）や、ヴィンテージのテキスタイルを使用したお買い物バッグなどを気に入って購入しました。これらはチープなので、色違いでたくさん買ってお土産にするのも良いかも。

掘り出しものが出てきそう!? ワクワク…

| Mauerpark | 76 |
マウアーパーク P.136

🏠 Mauerpark
🕐 sun 8.00_18.00
🔗 http://www.mauerparkmarkt.de

アルコナプラッツからさほど離れていないこちらの蚤の市は、会場が広めでお店もいろいろ。きれいにディスプレイをしているところもあるし、たくさん並べたダンボールにごちゃごちゃ品物を入れて置いているだけのところもあります。段ボールの中には、大きいお鍋やワッフルメーカーなんていう物から、東ドイツ時代の貴重な切手まで入っていました。手を真っ黒にしながら宝探し気分で楽しめました。

こじんまりしているけれど、良いものが。

Boxhagener Platz (77)
ボックスハーゲナー プラッツ
P.137

- Boxhagener Platz
- sun 10.00_18.00
- -not applicable-

　フリードリッヒスハインの代表的マーケット。比較的こじんまりしているので、時間が無いけれど蚤の市に行きたい！という人にはおススメです。こちらでも70年代の食器やランプ、その他小物類が目につきました。あとは古着屋さんやレコード屋さんなんかもけっこう店舗が多いです。p43で紹介したintershop2000が出店しています。

共産国のニオイがする物がイロイロと…

www.oldthing.de

MEIN INTERNETFLOHM

| Ostbahnhof | 78 |
| オストバーンホフ | P.137 |

Erich-Steinfurth-Str
sun 9.00_17.00
http://www.oldthing.de/

前に紹介した3つのマーケットとは違う雰囲気。お店の人もお客さんも年齢層が高めだからでしょうか？東ドイツやロシアものが豊富にあり、特にピンバッチにコイン、切手なんかが売られていました。かわいいレース屋さんもあって、ハンカチや鍋敷きといった小物から、お洋服やテーブルクロスのような大きなものまでいろいろと売っていました。

蚤の市でみつけたもの

四つの蚤の市を巡り、手に取って見てみて、気に入った物を買ってきました。

Ich fand diese vom
Flohmarkt

一番最初に行ったアルコナプラッツでは、写真中央のハンガー、お買い物バッグ二点、東ドイツ製のカトラリー、そして手前にある古本を購入。ハンガーはこれ以外にもいろいろな柄のものがありました。
続いてマウアーパークでは、派手めなグリーンの魔法瓶と、60～70年代の旅のしおり&マップを。
ボックスハーゲナーでは、INTERFLUGという今はもう無い航空会社発行のマガジンと、西ドイツ製のアイロンを。
最後に行ったオストバーンホフでは、乙女な薬瓶と、レースのクロスを買いました。

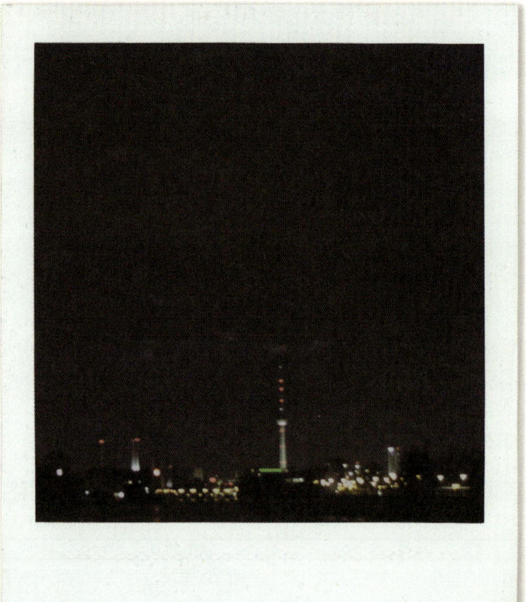

Schlaf
hotel

ベルリンらしく、デザインにこだわったホテルはいかが？

都会的なインテリアと抜群のロケーション。

ARCOTEL velvet Berlin-Mitte
アルコテル ベルベット ベルリン ミッテ

79
P.135

Oranienburger Str.52
030 2787530
http://www.arcotel.at
D 95 euro～ Suite 140 euro～

ギャラリー巡りやお買い物と、何をするにも便利なロケーションにあるデザインホテル。テーマカラーの赤を基調とした室内に、このホテルのためだけに作られたという家具が配置されています。天井まである大きな窓からは、真下に広がるベルリンの街並みが一望できます。DVDやCDといったエンターテイメントを楽しむこともできるので、夜ホテルに帰ってからも飽きることなく楽しめるホテルなのです。

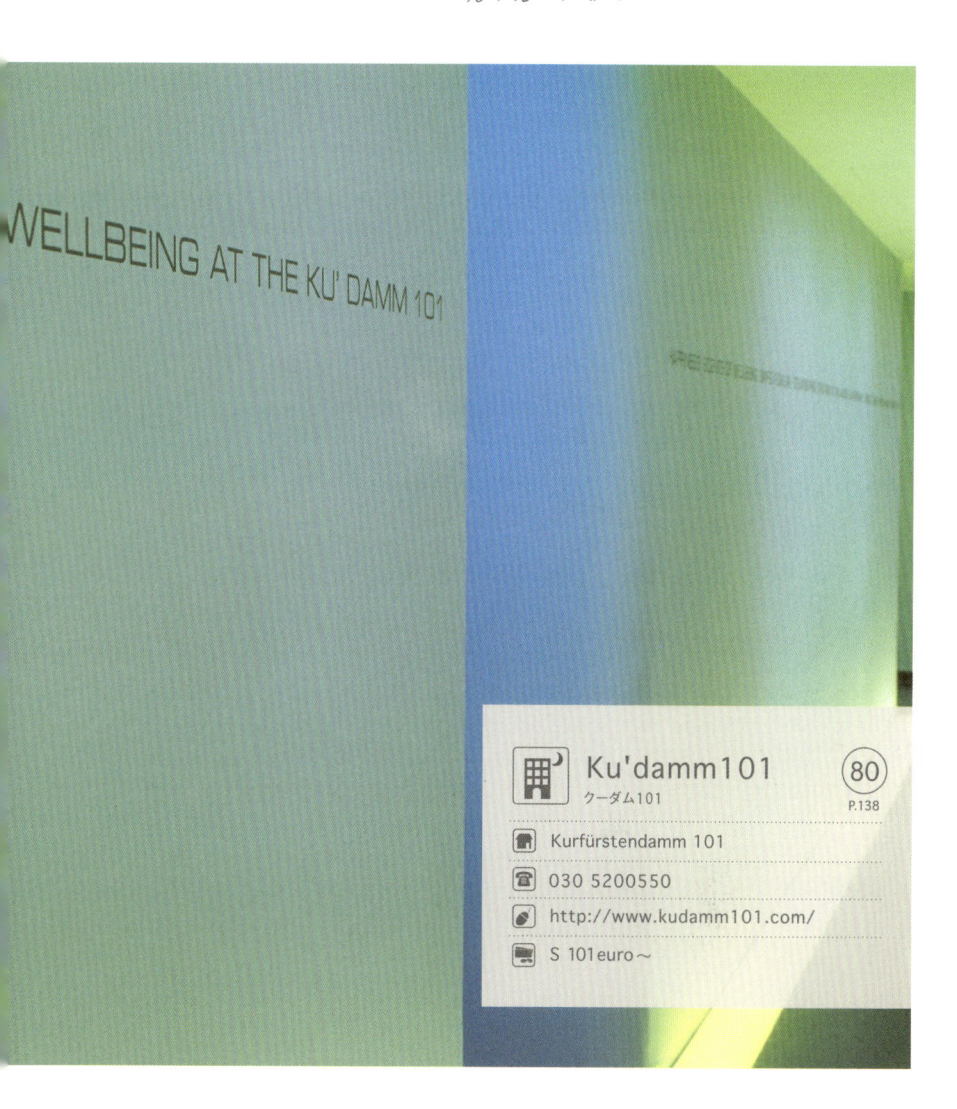

落ち着いた雰囲気で、ホッとさせてくれる。

WELLBEING AT THE KU' DAMM 101

Ku'damm101
クーダム101
⑧⓪ P.138

Kurfürstendamm 101
030 5200550
http://www.kudamm101.com/
S 101euro〜

クーダム通りのこちらのホテル。全体に黒やベージュといった色を、メインンカラーに使っています。朝食は、セブンチェアが並ぶスタイリッシュな空間の中で、美味しいパンや野菜をたっぷり使ったデリなどが楽しめます。旧東地区へ行くには少し時間がかかる場所ですが、それでも泊まる価値があります。

Bleibtreu Hotel ⑧¹
ブライプトロイホテル   P.138

🏢 Bleibtreustr.31
☎ 030 884740
🔗 http://www.bleibtreu.com/
💰 S 122 euro〜　D 132 euro〜

　木製の家具など自然な素材をインテリアに利用したり、上質の生地をベッドリネンに使用するなど、ベルリンという都会の中で、疲れた体を癒すことを一番に考えているホテル。れっきとしたデザインホテルですが、アーティスティックというよりは、「リラックスできる空間をデザインすること」に重点を置いたデザインホテルといったところ。おうちにいるように、くつろがせてくれるでしょう。

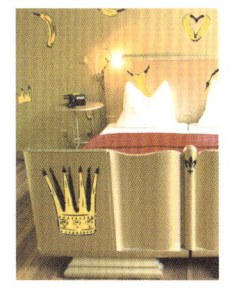

Künstlerheim Luise (82)
キュンストラーハイム　ルイーゼ　P.135

- Luisenstr. 19
- 030 284480
- http://www.kuenstlerheim-luise.de
- S 48 euro〜　D 79 euro〜

一部屋ずつインテリアが異なるユニークなホテルです。バナナが壁じゅうに描かれたお部屋、馬の頭部と前足が壁から出ているお部屋、靴の絵に囲まれたお部屋など。どんなお部屋があるかはホームページで確認することができ、リクエストも可能です。ちなみに私は特にリクエストはしなかったところ、chez roseという薔薇をテーマにしたお部屋になりました。とってもかわいいお部屋で大満足でした。

ユースホステル料金で、心地良く泊まれる！

The CIRCUS HOSTEL (83)
チルクス ホステル　　　　　　　P.136

Weinbergsweg 1a
030 28391433
http://www.circus-berlin.de
Domitry 17euro〜　S 33euro〜
TW 25 euro〜　Apartment 46 euro〜

ユースホステルって安いけど汚かったりして、女の子は泊まりにくい。そんなイメージを壊してくれたこちら。値段はホステル料金だけど、清潔感があってインテリアもかわいい。レセプションはみんな、いつでもニコニコ元気。併設のカフェのご飯も、お値段控えめで美味しい。宿泊にあまりお金はかけたくないけれど、きれいなところに泊まりたいという欲張りな人にピッタリ。

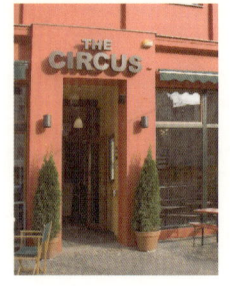

Phantastisch
ist der *Garten der Lüste* und
die Fülle des leeren *Raums*

ある日、お散歩やショッピング中に、ふと思ったこと。

素敵なショップのディスプレイ

ベルリンのショップでは、
ディスプレイが素敵なお店がたくさんありました。
一番印象的だったのが、konk。アートの世界でした。
真っ白いヴィンテージの椅子が置いてあった、lala berlinも可愛らしくて印象的。
お買い物の際は、お洋服を見るだけでなく、
ぐるっと店内を見回してみてください。
なかなか、面白いものですよ。

ベルリンのこども

公園へ行くと、
かわいいこどもたちをちょくちょくみかけます。
そんな中で特に印象的だったのが、この2人。
カメラを向けたらスコップで砂堀りをはじめてくれた子と、
動物園で、お猿さんに夢中だった子。
うーん、2人ともキュート！
どうしてこどもって、こんなにもかわいいのかしら。

ベルリンの街並と青い空

古い建物が並ぶベルリン。
絵になるこの街では、やっぱり青空が似合う気がします。
どんよりと曇りがちな天気が多いのですが
素敵な街並には、時折おとずれるお日様が映える気がしませんか？

街中でよく見るもの

アーティストの街、ベルリン。
歩いていると、至る所でアート鑑賞ができてしまう!?
壁に絵が描かれているなんていうのはしょっちゅうだし、
上の写真のように歩道にある自転車立てでさえ、アートとなっています。
ゆっくり歩いていろいろ観察してみましょう。

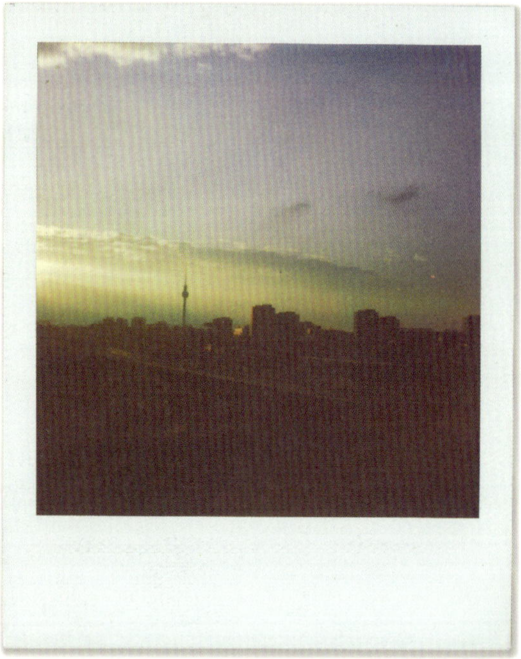

Heimkehr

souvenir / memory

楽しかった旅も終わり。お土産を並べて、写真を眺めて、旅の思い出をふりかえります。

ベルリンで買ってきたおみやげ

ベルリンでいろいろな物を買ってきました。
ベタなおみやげものから、スーパーで買ったお菓子や日用雑貨。
おうちで広げて、誰に何をあげようかなぁ、と悩むのがまた楽しい。

①テレビ塔モチーフの物はたくさんありました。置物から香水までいろいろ。②愛くるしい表情で見つめられてしまい、買わずにはいられなかったbear。③東ドイツの車、トラビーのミニカー。レトロなデザインが好き。④テレビ塔をモチーフに使ったデザインものを集めた本と、ベルリンの風景写真の本。⑤ポストカードいろいろ。おみやげにしても良いし、これでお友達にエアメールを書いてみるのも。⑥シンプルに I ♥ berlinのボールペン。お友達をベルリンフリークにさせちゃおう。⑦ベルリンにしかない、kwikshopのグッズ。ロゴマークがおしゃれ。⑧マークがかわいい、ドイツ郵便局ものの文房具。⑨東ドイツの信号機のマークのキーホルダー。

Täglich Bedarfsartike

⑩ リップクリーム。ブルーはメンソールタイプ、赤はストロベリーフレーバー。⑪ すっきりとしたデザインが良い歯みがき粉。種類もいろいろ。⑫ 清潔感溢れるデザインのせっけん。肌にも優しそう。⑬ クリームいろいろ。ブルーの缶のものはベイビー用。赤ちゃんのイラストが少しリアル・・・。⑭ 日本でもおなじみのジップロックと保存用ビニール袋。箱のデザインがクール。キッチンに置いておくだけでぐっとオシャレになりそう。⑮ 通りがかったおもちゃ屋さんで発見した、木でできた動物の置物。表情が愛くるしい。⑯ レトロな絵のシール。ダサかわいい感じが気に入って。⑰ 表紙の色使いがきれいなノート。中は普通です。⑱ スーパーplusで買ったエコバッグ。表はplusのキャラクター、裏はカエルとカメが ♥

Essen

⑲　　　　　⑳　　　　　㉑

㉒　　　　㉓　　　　㉔　　　　㉕

㉖　　　　㉗　　　　㉘

⑲bioのお店で買ったスープストック。見るからに体に良さそう！？ ⑳ドライフルーツがたっぷり入った健康食品とでもいいましょうか？朝ごはんになりそう。㉑豆乳でできた生クリームなのだとか！bioらしくない、派手なパッケージ。㉒デザインがかわいいパッケージのスパイスたち。カラフルな色使いが○。㉓黄色はパン作りに使うイースト。白は袋入りのバニラエッセンス。㉔日本でも見るチューブ入りのマスタード、ドイツ版。㉕おしゃれなパッケージの紅茶。これもbioのスーパーにて。㉖日本の物と味比べをしてみたいインスタントスープ。㉗メーカーや味がいろいろあったジャム。瓶がかわいいものが多い。㉘グミの王様、ハリボー。日本では見たことのないものも。ハリボーの本なんていうのもありました。

Süßigkeiten

㉙ ㉚ ㉛

㉜ ㉝ ㉞

㉟ ㊱ ㊲

㉙味の違う2種類のビスケット。東ドイツ時代から存続している製菓会社のものだそう。この2つ、とっても美味しい。㉚スーパーで売っているビスケット&チョコレートのお菓子。㉛in't veldで購入したオリジナルのチョコレート。㉜こちらはoliviaで購入したチョコレート。シンプルなパッケージが好きです。㉝スーパーで売っているチョコレート菓子。イチゴ味は甘酸っぱくてクセになります。㉞こちらも東ドイツ時代から存続しているメーカーのチョコ。だからレトロなパッケージなのかしら？㉟bioのスーパーで購入したもの。この他にもbioのチョコレートはたくさんありました。㊱ドロップとミントのお菓子。口寂しい時に買ってみてはいかが？㊲チョコやナッツなどいろいろ入ったミュズリーとミュズリーが入ったビスケット。

129

旅のことをふりかえる

楽しかった旅もおわり、
我が家へ帰ってきました。
撮ってきた写真を眺めながら、旅をふりかえります。

しばらくは日常の生活に戻るけれど、
また近いうちにどこかへ行こう。
そうその時から、
私の旅の準備は始まっているのです。

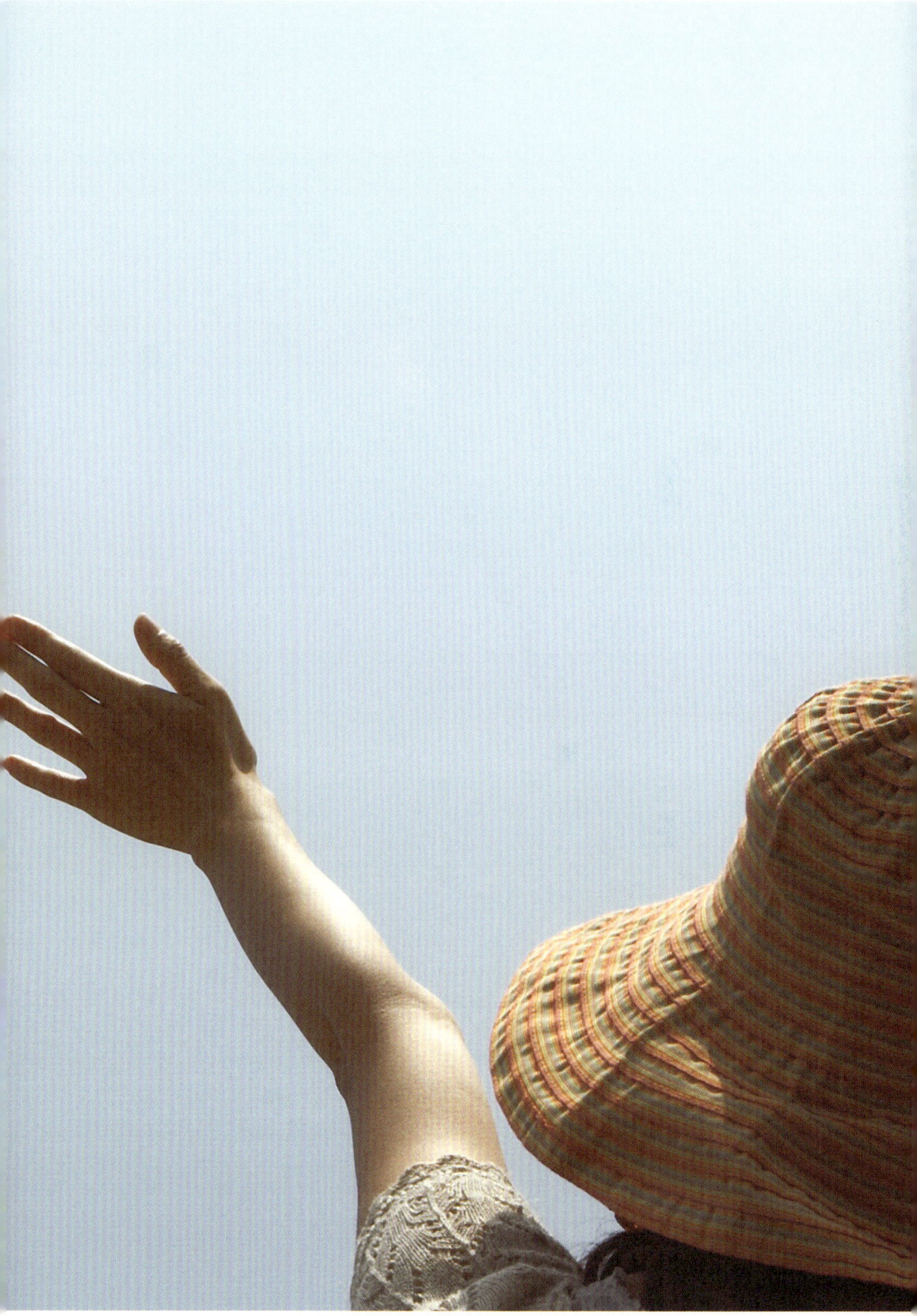

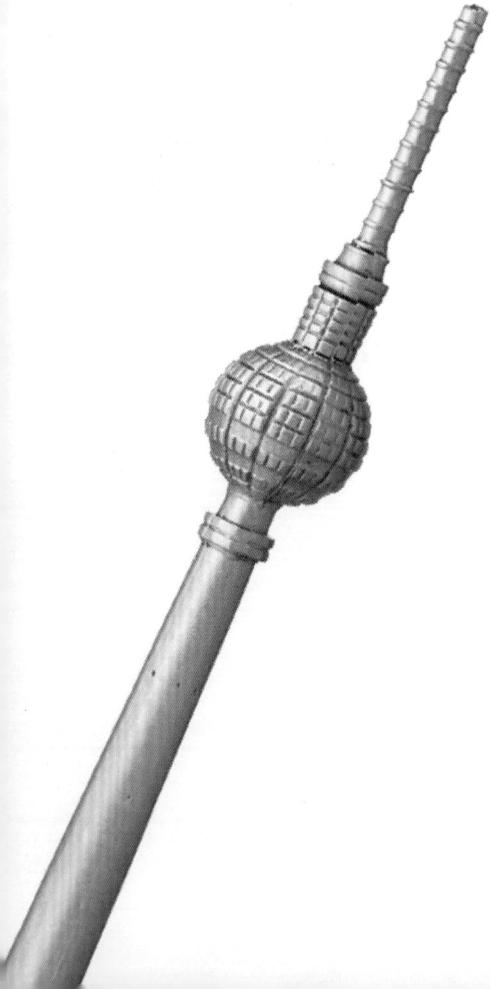

Stadtplan&Information

ベルリンの地図とインフォメーション

ベルリン　全体図

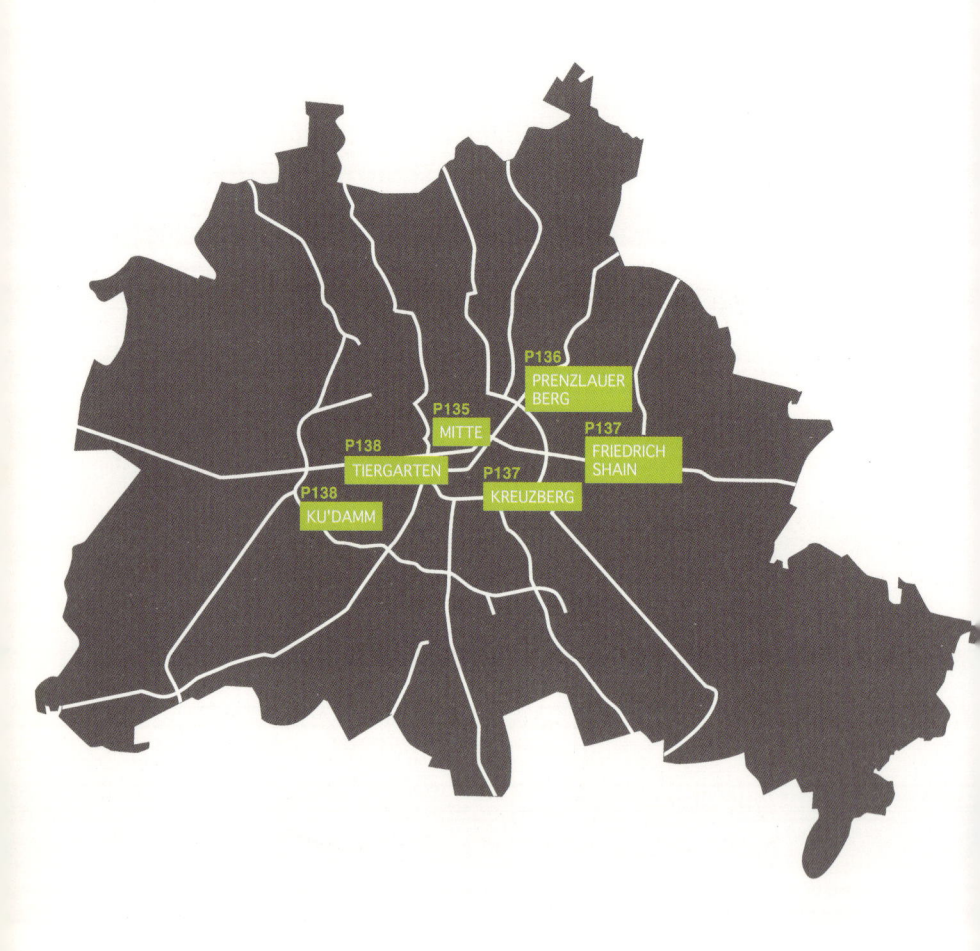

P136 PRENZLAUER BERG
P135 MITTE
P138 TIERGARTEN
P137 FRIEDRICH SHAIN
P137 KREUZBERG
P138 KU'DAMM

市内の地図を地域ごとに載せています。
各お店の番号を載せているので、お目当ての場所がどこにあるのか確認できるようになっています。

Mitte

Prenzlauerberg

Kreuzberg

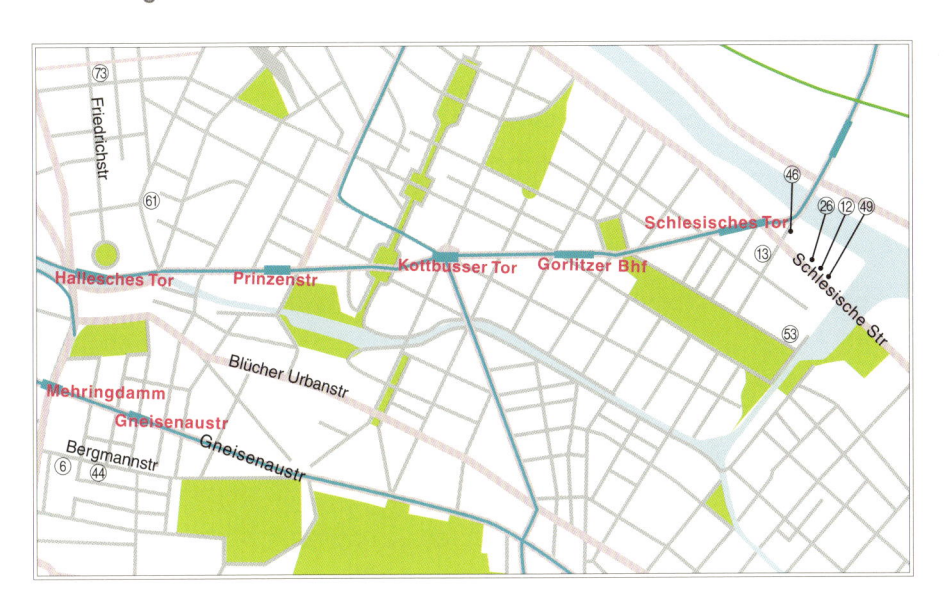

Fridrichshain

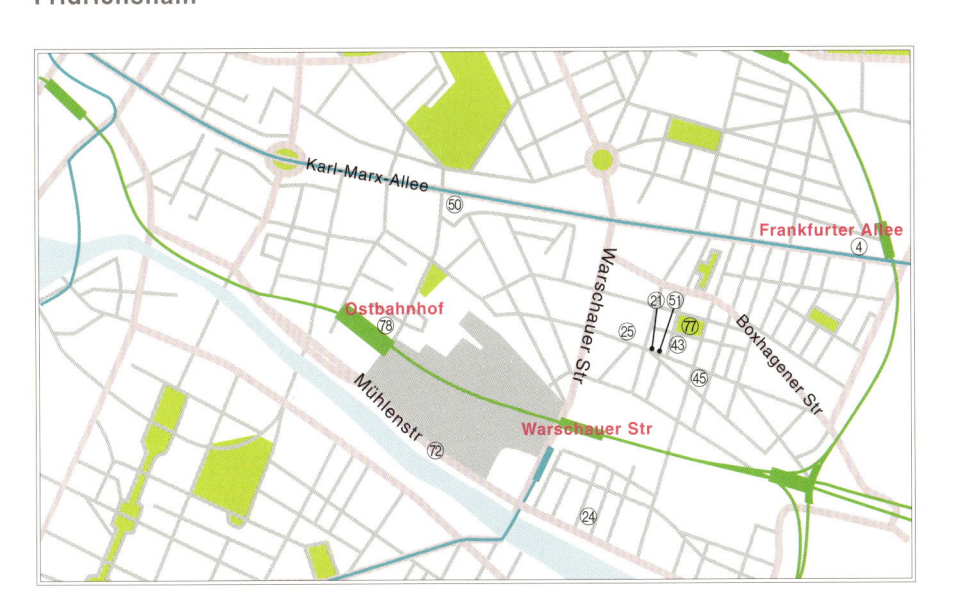

Tiergarten周辺

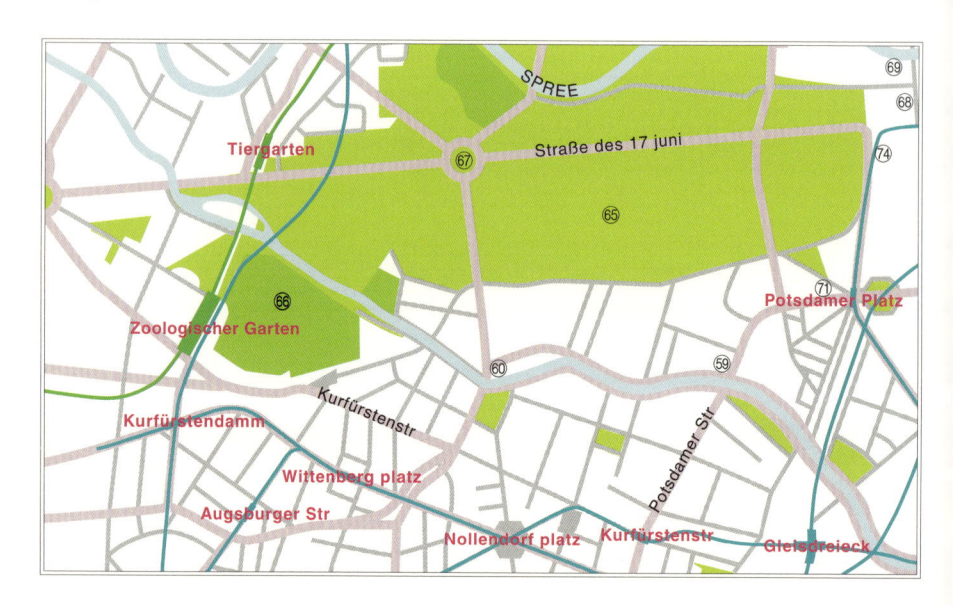

Ku'damm周辺

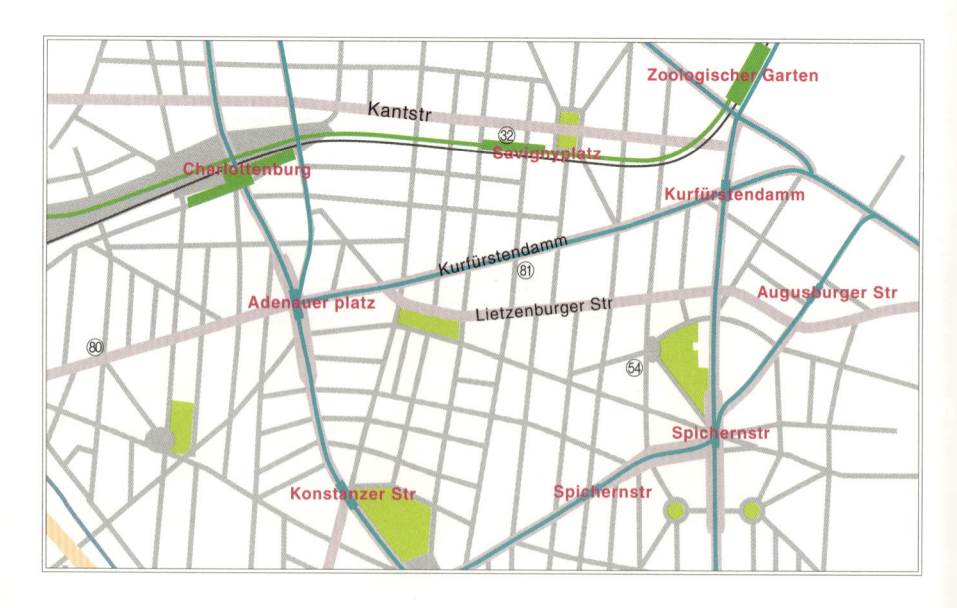

139

information

緊急時などに使える電話番号とホームページアドレス。

ベルリンにて

警察
110（電話）

消防・救急
112（電話）

ベルリン観光局
http://www.berlin-tourist-information.de/japanisch/index.php

テーゲル空港
http://www.berlin-airport.de/

日本にて

ドイツ大使館
http://www.tokyo.diplo.de/
03-3586-5046

ドイツ観光局
http://www.visit-germany.jp/

ルフトハンザドイツ航空
http://www.lufthansa.co.jp/

成田空港
http://www.narita-airport.jp/

関西国際空港
http://www.kansai-airport.or.jp/

中部国際空港
http://www.centrair.jp/

HALIFAX
WESTGRÖNLAND
OSTGRÖNLAND
AZOREN
REYKJAVIK
DUBLIN
LONDON
LISSABON
MADEIRA
BISSAU
AMSTERDAM
BERLIN
BRÜSSEL
BUDAPEST
MADRID
PARIS
PRAG
STOCKHOLM
WARSCHAU
2
3
4
5
6
7
BRASILIA
RIO DE JANEIRO
SÃO PAULO
MONTEVIDEO
BUENOS AIRES
CARACAS
LA PAZ
ASUNCIÓN
SANTIAGO.CHILE
KAP VERDE
CASABLANCA
CONAKRY
DAKAR
BAMAKO
ACCRA
OSLO
KOPENHAGEN
WIEN
BERN
PRESSBURG
BELGRAD
ROM
TUNIS
KINSHASA

おわりに

私が紹介したベルリン、いかがでしたでしょうか？

はじめに書きましたとおり、旅が好きな普通の女の子である私が、自分が満足できる旅の本が作りたいなぁと思い立ち、そして運が良いことに実現することとなりました。

それからは毎日手探りの日々。
いろいろな方に支えられて、やっとできあがりました。

まず、この企画に最初から最後まで携わってくださった編集の松本さん、ベルリンで通訳をしてくださった井上祐樹さん、涌井みかえさん、文章についていろいろと教えてくださったコピーライターの和泉さん、東京で素敵な写真を撮ってくれた若手カメラマンの井田貴子さんこと、たこちゃん、制作をしてくださったデザインオフィス18の皆様、いつも励ましてくれたお友達の皆様、ありがとうございました。みなさんのおかげでここまで来ることができました。

それから、私と2人3脚で本作りをしてくれた、デザインオフィス18の根岸法香こと、ノリ。取材同行からデザインまで、本当にdanke!!です。

そして、この本を手に取ってくださった皆様、どうもありがとうございます。
これを読んで、ベルリンへ行ってみようと思ったり、
ガイドがわりに使っていただけたら、とってもうれしいです。
そしてベルリンへ行った感想をいろいろな方から聞いてみたいな、なんて思ったりします。

さて、この本が出る頃、私はきっと次の旅の予定を立てていることでしょう。
またかわいい場所を探す旅へ行ってきます。

2006年 秋
吉野智子

私のとっておき
ベルリンかわいい街歩きブック

2006年9月23日　第1刷発行

著者	吉野智子
アートディレクション&デザイン	根岸法香
写真	井田貴子（スタジオ撮影）
	根岸法香　吉野智子（ロケ撮影）
編集協力	和泉麻比子
情報提供	ドイツ観光局
現地取材協力	涌井みかえ　井上祐樹
企画	株式会社産業編集センター
	有限会社デザインオフィスワンエイト
制作	有限会社デザインオフィスワンエイト
	〒150-0011
	東京都渋谷区東3-25-4-1102
発行	株式会社産業編集センター
	〒113-0021
	東京都文京区本駒込2-28-8
	TEL 03-5395-6133
	FAX 03-5395-5320
印刷・製本	日経印刷株式会社
	〒102-0072
	東京都千代田区飯田橋2－15－5

Printed in Japan
ISBN4-916199-88-X　C0026

本書掲載の写真・地図・文章を無断で転載することを禁じます。